Harry Bresslau

Beiträge zur Lehre von den Urkunden Kaiser Konrads II

Erster Teil

Harry Bresslau

Beiträge zur Lehre von den Urkunden Kaiser Konrads II
Erster Teil

ISBN/EAN: 9783744668484

Hergestellt in Europa, USA, Kanada, Australien, Japan

Cover: Foto ©ninafisch / pixelio.de

Weitere Bücher finden Sie auf **www.hansebooks.com**

BEITRÄGE

ZUR

LEHRE VON DEN URKUNDEN

KAISER KONRADS II.

ERSTER TEIL.

INAUGURAL-DISSERTATION

ZUR ERLANGUNG

DER PHILOSOPHISCHEN DOCTORWÜRDE

BEI DER

GEORG-AUGUSTS-UNIVERSITÄT

ZU GÖTTINGEN

VON

HARRY BRESSLAU

AUS DANNENBERG.

GÖTTINGEN, 1869.

DRUCK DER DIETERICHSCHEN UNIV.-BUCHDRUCKEREI.

W. FR. KAESTNER.

Herrn

Prediger Dr. Julius Popper

in Berlin

dankbarst zugeeignet.

Vorwort.

Die nachfolgende Arbeit stellt es sich zur Aufgabe, die Methode, mit der Sickel so glücklich und erfolgreich die karolingischen Urkunden behandelt hat, auf die Lehre von den Urkunden Konrads II anzuwenden. Freilich so reiche Ergebnisse, wie das gereifte Urteil des erfahrenen Diplomatikers, dem ich unendlich viel verdanke, erzielen konnte, darf der Anfänger in diesen Studien nicht erwarten, und nur als Beiträge zur Urkundenlehre möchte der Verfasser die Resultate seiner Arbeit angesehen und beurteilt wissen. Auch äusserlich war ihm oft geboten, sich zu beschränken und sein Urteil in suspenso zu lassen. Denn wenn Sickel für seine Arbeiten fast alles vorhandene handschriftliche Material zu Gebote stand, so musste er sich zum grossen Teil mit dem gedruckten begnügen.

Freilich, so viel ich konnte, habe ich das handschriftliche Material herbeizuziehen gesucht, und hier ist der Ort, den Herren zu danken, deren Güte es mir ermöglicht hat. Hr. Professor Droysen war so gütig, mich an Hrn. Ministerialdirector v. Weber in Dresden und an Hrn. Archivrat Grotefend in Hannover zu empfehlen, während Hrn. Professor Köpke's Freundlichkeit mich mit dem leider zu früh verstorbenen Geh. Archivsekretär Dr. Strehlke zu Berlin bekannt machte. So ward es mir möglich die Staatsarchive von Berlin, Hannover und Dresden zu benutzen. Die Einsicht der Urkunden des Naumburger Domarchives gestattete mir Hr. Domsyndicus Richter mit liebenswürdigster Bereitwilligkeit. Hr. Professor Jaffé hatte die grosse Güte, mir seine Collationen von Urkunden aus Mailand, Brescia, Lausanne und Bern zu leihen, Hr. R. Kiepert in Berlin überliess mir seine Abschrift eines Mailänder Originals, Hr. J. Steinvorth aus Lüneburg schrieb für mich aus Pariser Codices drei Urkunden, davon zwei unedierte ab; Hr. J. Goldziher hierselbst verschaffte mir aus Wien Abschrift von einer bisher nur im Auszuge bekannten Urkunde. Hr. Dr. Alfred Stern machte mir Mitteilungen über zwei Karlsruher, Hr. Geheimrat R. Wilmans über eine Münstersche Urkunde.

Ich sage allen diesen Herren meinen tiefgefühlten Dank und würde glücklich sein, wenn die vorliegende Arbeit ihrer Unterstützung nicht ganz unwert wäre. Insbesondere danke ich auch Herrn R. Wagner in Berlin, der das gleiche Thema mit mir bearbeitete, aber mir die weitere Verfolgung des Gegenstandes zu überlassen die Güte hatte.

Zum Schluss bemerke ich noch, dass R mit folgender Zahl auf die Regesten Konrads verweist, welche nebst dem Schluss der Urkundenlehre und drei ungedruckten Diplomen in meiner Schrift »Die Kanzlei Konrads II« demnächst im Verlage von W. Adolf und Comp. (H. Hengst) in Berlin werden veröffentlicht werden.

Berlin, 31. Juli 1869.

Erstes Capitel.
Hof und Kanzlei.

§. 1. Petitionen. Verhandlungen. Consense. Intervention.

Im Aufange des 11. Jh. war die alte Theorie, dass in der Vestitur des Königs befindliches Gut nur durch königliche Urkunde in anderen Besitz übergehen könne [1]), im allgemeinen noch giltig. Zwar kommen Ausnahmen vor, wir hören ausdrücklich, dass Konrad II dem Kloster S. Johannis Baptistae zu Burtscheid eine Güterschenkung »sola traditione« gemacht habe, aber der Fall ist ganz vereinzelt und das Kloster hielt es doch für nötig von Heinrich III eine Bestätigung »manuscripti testamento« noch im Todesjahre Konrads zu erbitten [2]). In der Regel scheint die Verleihung durch königliche Urkunde erforderlich, oder doch grösserer Sicherheit halber dem Beschenkten erwünscht gewesen zu sein. Dasselbe galt von der Verleihung von Immunitäten, Regalien und anderen Privilegien. Endlich liess man auch Geschäfte von Privaten unter einander, um sie mit grösserem Rechtsschutze auszustatten, gern vom Könige, als der obersten Quelle des Rechtes, urkundlich bestätigen [3]).

---
1) Vgl. Sickel I. 7.
2) Urkunde Heinrichs III. 1034 Aug. 8. St. 2139. Auch andere königliche Schenkungen werden erwähnt, ohne dass wir von einer Urkunde wissen. So eine Schenkung Konrads über 20 Mansen bei Coruoromno ans Kloster S. Maximin zu Trier (Beyer Mittelrhein. Urk. I 858) und eine Restitution für S. Mihiel im Chronicon Sci Michaelis in pago virdunensi c. 32 SS. IV. 84.
3) Confirmatum est autem hoc concambium praecepto imperatoris Cuonradi. R. 177. Vgl. auch R. 165.

In den meisten Fällen war es nun üblich, dass wer immer eine Urkunde vom König zu erwirken wünschte, sich persönlich an den Hof begab, um dort sein Gesuch vorzutragen. Oft wartete man damit, bis der König auf seinen unausgesetzten Rundreisen in die Nähe oder an den Wohnsitz des Bittstellers selbst kam: in anderen Fällen scheute man auch weite Reisen zu diesem Zwecke nicht. So hatte sich z. B. der Abt Odilo v. Peterlingen mit allen Mönchen seines Klosters [4]) im Sept. 1024 nach Mainz begeben, um dem neu erwählten König sofort seine Bitte um Bestätigung der Privilegien seiner Abtei vorzutragen (R 1); so kam Bischof Hubald v. Cremona 1031 nach Goslar (R. 153), Patriarch Poppo von Aquileja 1028 nach Imbshausen und Pöhlde (R. 39. 40), so strömten namentlich von allen Seiten zur Zeit der Kaiserkrönung Bischöfe und Aebte nach Rom, teils um den Feierlichkeiten beizuwohnen, teils um Urkunden vom Kaiser zu erwirken. Das Chronicon Casauriense [5]) z. B. (des Klosters Casa aurea bei Pescara) erzählt uns: Wido Piscariensis abbas — sumptis privilegiis et chartis profectus est ad eum, qui gloriosus imperator eundem abbatem cum magna reverentia suscepit. Andere sandten Boten an den Kaiser, um ihre Bitte vorzutragen: so die Aebtissin Vitta von S. Zacharias zu Venedig 1027 den Erzdiakon Petrus, 1037 die Aebtissin Maria desselben Klosters den Johannes Storlatus (R. 90. 230). Wieder in anderen Fällen sandte man wohl Bittschriften an den Kaiser oder an hochgestellte Personen am Hofe, welche dann dem Kaiser die Bitten vortrugen [6]).

---

4) Odilo abbas cum tota congregatione fratrum. R. 1.
5) a. a. 1027. Murat. SS. II[b] 844. Das Chronicon ist eine von einem Mönche des Klosters, Joh. Berardi, um 1180 zusammengestellte urkundliche Geschichte desselben.
6) Vgl. in Buoncompagni's Rhetorica (Rockinger I, 154) das Capitel: »Notula, qua doctrina datur quomodo petitiones imperatori et regibus porriguntur«, und in der Sächsischen Summa dict. prosam. (Rockinger I 230) den Abschnitt de litteris petitoriis. — Eine Bittschrift des Abts Hugo v. Furfa an Konrad hat Bethmann ediert. (v. Jahre 1026. SS. XI, 543.) Heinrich III erwähnt in Urkunde v. 1048 (St. Nro. 2360) »deprecatorias et suasorias litteras« des Abtes Luizo von S. Stephan zu Jvrea an die Kaiserin Agnes. Ein Gesuch für Mantua tragen 1037, wahr-

Hatte der Kaiser nun von der Bitte Kenntnis genommen, so war der weitere Vorgang bei Bestätigungsurkunden ungemein einfach. Die zu bestätigenden Diplome früherer Regenten wurden dem Kaiser vorgelegt, von ihm einer Besichtigung unterworfen und dann — so langwierig uns auch diese Procedur scheinen mag — in der Regel ihrem ganzen Wortlaut nach verlesen [7]. Jetzt, oder vielleicht schon vorher, bei Vorbringung des Gesuches, erfolgte dann oft die sogenannte Intervention d. h. die Fürsprache bei Hofe angesehener Persönlichkeiten für den Bittsteller. Eine weitere Verhandlung war dann in der Regel überflüssig, da durch die Verlesung der Urkunden der Beweis für die Rechtmässigkeit der Ansprüche des Bittstellers geführt war. Der Kaiser gewährte die Bitte und befahl die Ausfertigung der neuen Urkunden. Alles weitere war dann Sache der Kanzlei [8].

Im ganzen ähnlich wird der Vorgang auch da gewesen sein, wo es sich nicht um Bestätigung früherer Kaiserurkunden, sondern um ein erst neu zu schaffendes Recht, Verleihung von Gnaden, Schenkungen u. dgl. handelte. Bittstellung und Intervention wenigstens erfolgten in ganz gleicher Weise; nur die Untersuchung und Aufnahme des Tatbestandes musste hier eine andere sein.

Bisweilen freilich konnte es vorkommen, dass Konrad rasch und voreilig den Angaben des Bittstellers Glauben schenkte und daraufhin die Ausstellung einer Urkunde befahl; widerruft er doch selbst eine Schenkung an Mainz, die er »rudis adhuc in regno per suggestionem Moguntini praesulis«

---

scheinlich durch eine solche Schrift aufgefordert, Bischof Brun v. Würzburg und Kanzler Kadeloh vor (R. 229).

7) Vgl. Chron. Casaur. a. a. O. Imperator — privilegia et chartas coram se legi fecit. — R. 49 sicuti in privilegiis eorum (10 Regenten werden genannt) in nostra praesentia lectis cernitur. — Die Ausdrücke für die Vorlegung der Urkunden sind »nostris obtutibus obtulit« und ähnliche. R. 49. 63. 94. 159.

8) So wird z. B. auch in Urkunde Heinrichs II. St. Nro. 1345 der Hergang geschildert. Heinrich von Würzburg legt dem Könige einige Urkunden vor. Quibus lectis oblata sunt alia — precepta. His ita gestis bittet der Bischof, für den Kunigunde intervenirt, um Bestätigung und erhält dieselbe.

vollzogen habe (R 189). In den meisten Fällen aber wird doch der Anspruch des Bittstellers mit Rücksicht auf seine Rechtmässigkeit und Angemessenheit einer genauen Prüfung unterzogen sein. Eine solche Prüfung musste z. B. vorangegangen sein, wenn Konrad im Eingange von R 184. um die Bestätigung einer Schenkung der Kaiserin Kunigunde für S. Afra bei Augsburg angegangen, sagt, dass er das Recht habe, die Schenkung zu cassieren, dass er aber auf Fürbitte seiner Gemahlin und seines Sohnes und in Erwägung der Motive des Actes auf dies Recht verzichte.

Zu den hier berührten Vorverhandlungen gehörte nun namentlich die Untersuchung der Frage, ob durch die zu erteilende Urkunde etwa die Rechte dritter verletzt wurden. So wurde, als 1028 Abt Druthmar von Korvey Ansprüche auf ein Gut erhob, das, wie er behauptete, seinem Kloster unrechtmäsig entzogen sei, die derzeitige Besitzerin desselben, eine Matrone Alvered, vor den Kaiser geladen. Als sie den vom Abte erbrachten urkundlichen Beweis zu widerlegen nicht im Stande war, musste sie nebst ihrem Sohne und ihrem Curator auf das Gut verzichten, und hierauf wurde dem Abte die kaiserliche Urkunde ausgefertigt. (R 118). In anderen Fällen verzichteten die Beteiligten freiwillig auf ihre Ansprüche, und erst dann konnte rechtmässig die Vergabung durch Konrad erfolgen. So mussten, wenn der Kaiser und seine Gemahlin 1033 Teile des Erbguts der letzteren an Würzburg schenken wollten, ihre Söhne Heinrich III und Hermann v. Schwaben zustimmen (R 190). Ebenso war der Consens der zur Nutzniessung eines Waldes berechtigten Markgenossen erforderlich, ehe der König denselben zu Gunsten eines Einzelnen einforsten konnte (R 104. 125). Wenn Konrad die Grafschaft Trient dem Bistum Trient übertrug und dann die innerhalb des Bistums Feltre gelegenen Teile der Grafschaft diesem schenken wollte, so wurde dafür zunächst die Zustimmung des Trienter Bischofs erfordert (R 98). In anderen Fällen wieder mussten die Rechte dritter erst durch gerichtliches Urteil erledigt werden, dessen dann gewöhnlich in der Urkunde selbst Erwähnung geschieht. (R 96. 120. 246. 256). Waren so alle etwaigen

Ansprüche beseitigt, oder waren überhaupt keine vorhanden, so drückte der Herrscher wohl seine Berechtigung zu dem vollzogenen Acte durch die Worte aus »prout juste et legaliter possumus« (R 124. 238. u. öfter.)

Ganz anderer Art ist es, wenn die Zustimmung aller grade am Hofe anwesenden Grossen zu dem vollzogenen Acte ausdrücklich erwähnt wird. Wenn die Bestätigung der Bamberger Privilegien »consensu fidelium nostrorum» (R. 198), oder die Verlegung eines Jahrmarktes und einer Münze zu Gunsten der Abtei Nienburg »ob consilium nostrorum optimatium« (R. 215) oder die Bestätigung der Stiftung des Martinsklosters zu Minden »ob consensum omnium fidelium qui ibi affuerunt« (R. 185) oder endlich eine Schenkung an Paderborn »primatum nostrorum consilio« (R. 166) erfolgt: so ist nicht daran zu denken, dass die Consentierenden etwa bei den betreffenden Acten direct und unmittelbar beteiligt gewesen wären. Hier tritt vielmehr unverkennbar ein Einfluss der bei Hofe versammelten Grossen auf die Regierungsgeschäfte des Herrschers hervor. Allerdings war der Consens der Grossen sicher nicht für die Giltigkeit dieser Acte selbst erforderlich, und die grosse Mehrzahl der Urkunden entbehrt seiner ja, allerdings scheint ihre Mitwirkung an den Regierungsgeschäften noch keine bestimmten Formen, keine greifbare Gestalt angenommen zu haben: aber vorhanden war sie immerhin, und unter den folgenden Regierungen greift sie schon recht bedeutsam in den Gang der Begebenheiten ein.

Unter allen erwähnten Verhandlungen, die der Erteilung einer Urkunde vorangiengen, ist nun für den Historiker die wichtigste die Intervention. Oftmals wandte sich der Bittsteller an alle grade um den König versammelten Grossen und ersuchte sie um ihre Fürsprache [9]; in der Regel aber waren es nur einige besonders angesehene Personen — die

---

[9] Cf. Giselae — Heinrici et tam venerabilium episcoporum quam reliquorum conspectui nostrorum assistentium procerum intercessioni pie annuentes (R. 130), per interventum p. p. ceterorumque nostrorum fidelium (R. 16 und ähnlich R. 49), interventu p p. aliorumque multorum quorum hic nomina inserere longum est (R. 81).

Gemahlin Konrads, sein Sohn, die Kanzleibeamten, die vornehmsten Bischöfe u. a —, welche um ihre Intervention gebeten wurden [10]). Insofern ist die Zahl der Interventionen einer Person gewissermassen ein Gradmesser für ihren Einfluss bei Hofe. So ist es z. B. höchst characteristisch, wenn der kraftvolle und energische Aribo von Mainz, ohne Zweifel einer der bedeutendsten Kirchenfürsten seiner Zeit, so sehr oft als Intervenient in den Urkunden genannt wird, sein frommer und gelehrter, aber schwacher und mehr erbaulichen Betrachtungen als weltlichen Geschäften geneigter Nachfolger Bardo dagegen nur ein einziges Mal. Weiter lassen sich oft auch aus den Interventionen Schlüsse auf die Stellung der Grossen untereinander und namentlich zu dem Bittsteller ziehen [11]). Dagegen muss man sich hüten, wie so oft geschehen ist, ohne weiteres zu folgern, dass die Intervenienten zur Zeit der Ausstellung der Urkunde am Hofe gewesen seien, denn diese erfolgte unter Umständen erst längere Zeit nach Abschluss aller Vorverhandlungen [12]).

§. 2. Kanzlei. 1. Erzkanzler.

Die Vorverhandlungen schlossen, wie erwähnt, damit ab, dass der Herrscher den Befehl zur Ausfertigung der erbetenen Urkunden gab. Dieser Befehl gieng nun an die Kanzlei.

Seit Otto I. die lombardische Königskrone erlangt hatte, zerfiel seine Kanzlei in zwei Abteilungen, deren eine die auf Deutschland, die andere die auf Italien bezüglichen Acta abzufassen hat. Wir bezeichnen erstere kurz als deutsche, letztere als italiänische Kanzlei.

Der oberste Leiter der deutschen Kanzlei führt meistens den Titel »archicapellanus« (z. B. R. 17. 148. 212 u. a.), doch wird er auch in einigen Urkunden »archicancellarius« genannt (Vgl. R. 115. 116. 118 alle Or. ferner R. 4. 10. 38.

---

10) Interessant beschrieben ist die Bewerbung des Abts von S. Mihiel um die Intervention der beiden Nichten Giselas, Mathilde und Beatrix im Chron. S. Michael. in pag. vird. c. 32 SS. IV, 84.
11) So beweist in R. 124 die Intervention Adalberos v. Kärnthen f. Poppo v. Aquileja seine Aussöhnung mit demselben.
12) Vgl. §. 27.

49. 105. 117. 195). Im Jahre 854 nämlich waren die bis dahin getrennten Aemter eines Erzkaplans und Erzkanzlers vereinigt und ersterer zugleich an die Spitze der Kanzlei gestellt worden [1]. Seit Heinrich I war es dann üblich gewesen einem Erzbischof die vereinigte Würde zu übertragen. Erzbischöfe von Köln, Salzburg, Trier und Mainz hatten sie bekleidet, bis seit 968 nur Erzbischöfe von Mainz Erzkanzler wurden. Seit diese Würde an dem Mainzer Erzstuhl haftete, führte auch ein Thronwechsel keine Erledigung der Erzkanzlei herbei. Im Gegenteil scheint es, als ob der Erzkanzler als solcher während eines Interregnums die Vorbereitungen zur Neuwahl zu leiten gehabt hätte. Die Briefe, durch welche der Wahltag angesetzt und die Wähler eingeladen wurden, mussten ja jedenfalls in der Erzkanzlei ausgefertigt werden [2].

Unter Konrad erscheinen nun als Erzkapellane und deutsche Erzkanzler die Erzbischöfe von Mainz Aribo und Bardo, von denen ersterer am 6. April 1031 starb. Die Kanzlei erfuhr indess nicht gleich von seinem Tode, der in Italien erfolgt war; noch am 20. April wurde in seinem Namen recognosciert [3]. (R. 159).

Der Vorsteher der italiänischen Kanzlei wird in den Urkunden fast durchweg als archicancellarius bezeichnet. Ver-

---

1) Vgl. Sickel in den Sitzungsberichten der Wiener Akademie 39, 151.
2) Ganz überzeugende Beweise dafür haben wir allerdings erst aus späterer Zeit. Vgl. Lamb. Hersfeld. SS. V, 204. Otto Fris. I, 16 SS. XX, 360; den Brief König Heinrich's, des Sohnes Conrad's III. an Papst Eugen III. bei Martene et Dur. Ampl. Coll. II 268; ferner die Fortsetzung der Sachsenchronik, die Waitz herausgegeben hat. (Forsch. z. deutsch. Gesch. IV, 601): Die bischope von Megenze, des riches cantzlère, die legede den fürsten, die deno ersten koere hebbet anme rîke, den legede er einen hoff zu Vrangkenvort zu sento Michaelisdage«, endlich den Brief Gerhards v. Mainz v. 1298 (Archiv f. oest. Geschichtsquell. II 228): inveterati juris longevequo consuetudinis — auctoritas nobis, utpote sacri imperii archicancellario per Germaniam, contulit, ut quando evidens utilitas suadet — possimus et utique debeamus — non solum principes qui jus optinent eligendi Regem — convocare, verum etiam etc.
3) Auf die Persönlichkeiten der Erzkanzler gehe ich nicht ein, da ihr Einfluss auf die Kanzlei sehr gering war.

einzelt scheint indess auch hier der Titel »archicapellanus« vorzukommen⁴). In Betreff der Besetzung dieses Amtes waltete längere Zeit keine feste Regel. Bis auf Heinrich II wird es meist von italiänischen Bischöfen bekleidet. Als aber im Jahre 1002 der Erzkanzler Ottos III, Peter, Bischof von Como, sich dem italiänischen Gegenkönige Arduin zuwandte, machte Heinrich II seinen deutschen Erzkanzler, Willigis v. Mainz, auch zum Vorsteher der italiänischen Kanzlei⁵), dem nach seinem Tode Heinrichs besonderer Günstling, Bischof Eberhard v. Bamberg, folgte. Da somit die italiänische Erzkanzlerwürde noch nicht wie die deutsche zum Attribute eines bestimmten Hochstiftes geworden war, so wurde sie, wie alle anderen Reichsämter, mit dem Tode des Königs vakant. Konrad II übertrug sie dem Erzbischof Aribo v. Mainz, dem er zum guten Teil seine Wahl verdankte und vereinigte so noch einmal die Leitung beider Kanzleien in einer Hand. Wie Aribo mehr und mehr die Gunst des Kaisers verlor, wie Konrad nach seinem Tod den übermächtigen Stuhl von Mainz durch Verleihung an eine unbedeutende Persönlichkeit zu schwächen suchte, ist hier nicht der Ort auszuführen. Jedenfalls aber hängt es mit dieser Tendenz zusammen, dass Konrad nach Aribos Tode die italiänische Erzkanzlerwürde nicht seinem Nachfolger Bardo, sondern Pilgrim v. Köln, dem Rivalen des Mainzers, übertrug. Auf Pilgrim folgte im Kölner Erzbistum, wie in der Erzkanzlerwürde Herimann. Auch unter Heinrich III und Heinrich IV blieb die italiänische Erzkanzlerwürde bei dem Erzbistum Köln, um dann, nach neuen Schwankungen unter den drei

---

4) So in den beiden Urkunden R. 90. 145 aber für Aribo, der ja als deutscher Erzkanzler zugleich Erzkaplan war, weiter in R. 221 für Pilgrim und in R. 231. 245, die aber beide schlecht überliefert sind, für Herimann. In einem Placitum von 1038 nennt sich Herimann »archicancellarius sacri palatii«

5) Ficker Forsch. zur italiänischen Rechtsgeschichte I. 815 bringt diese Massregel mit anderen durchgreifenden Veränderungen, die Heinrich II in der Verwaltung Italiens vorgenommen haben soll, in Verbindung. Ich glaube kaum, dass das anzunehmen ist. Bei der Lage der Dinge in dem empörten Italien und dem Uebergange Peters v. Como zu Arduin ergab sie sich von selbst.

folgenden Regierungen, definitiv mit demselben vereinigt zu werden. Die Tätigkeit der Erzkanzler scheint sich auf eine blosse Oberaufsicht über die Kanzlei und ihr Personal beschränkt zu haben. In ihrem Namen wurden zwar die von der Kanzlei ausgehenden Schriftstücke unterzeichnet: aber dass sie etwa in den Geschäftsgang der Kanzlei eingegriffen hätten finden wir nicht, wie denn diese auch von einem Wechsel in der Person der Erzkanzler ganz unberührt bleibt. Und dass ja die Erzkanzler sehr oft vom Hofe entfernt waren, während die Kanzlei in ihrem Namen Diplome recognoscierte, ist hinlänglich bekannt.

§. 3. Fortsetzung. 2. Kanzler.

Waren die Erzkanzler mehr nominell Vorsteher der Kanzlei, so erscheinen als eigentliche Leiter derselben die Kanzler (cancellarii). Die Reihenfolge der Kanzler Konrads II. ist nun die folgende:

I. Deutsche Kanzlei.

1. Oudalrich 1024 Sept. 9 — 1032 Aug. 21.

Oudalrich war schon Kanzler Heinrichs II. gewesen, im Januar oder Februar 1024 hatte er dies Amt erhalten[1], am 5. Februar erscheint er zuerst als Recognoscent einer Urkunde (St. No. 1820). Welche Stellung Oudalrich vorher eingenommen hat, ist unbekannt, jedenfalls aber wird er schon längere Zeit vor seiner Ernennung zum Kanzler in der Kanzlei beschäftigt gewesen sein[2]. Konrad beliess ihn in

---

1) Am 13. December 1023 (St. Nr. 1818) war Gunther noch Kanzler Heinrichs II. Bald darauf muss er gestorben sein, am 5. Januar 1024 war, wie aus der Recognition von St. No. 1119 hervorgeht, der Kanzlerposten vacant, und am 5. Februar recognosciert, wie erwähnt, Oudalrich.

2) Mehrere frühere Urkunden erwähnen Oudalrich, aber alle sind falsch. Von den beiden Urkunden des Klosters Oberstenfeld vom Jahre 1016, die Oudalrich als Kanzler König (sic) Heinrichs nennen Wirtembg. UB. I 249) hat dies schon der Herausgeber bemerkt. Ebenso unecht ist aber die Urkunde Adelbolds v. Utrecht d. d. Jülich 2. Jan. 1021 (Heda 111), ein Verzeichniss der Utrechtischen Vasallen, welche unter den Zeugen Heinrichs II. (Weihnachten 1020 war Heinrich in Hammerstein und eilte dann nach Köln) Aribo (!) Anno (!) und Adelbert (!)

seinem Amte, das er bis zu seinem Tode behielt. Dass Oudalrich ein Geistlicher war, ist zweifellos, schon seine Stellung unter den Zeugen von R 118 nach den Bischöfen, aber vor den Herzogen beweisst das. Vielleicht stand er mit dem Kloster Fulda in irgend einer Verbindung, wofür der Umstand spricht, dass die Fuldaischen Totenannalen seiner gedenken. Im Sommer 1031 nach dem Tode Aribos v. Mainz und vor der Ernennung seines Nachfolgers Bardo leitete Oudalrich selbstständig die Kanzlei [3]). Die letzte Urkunde, die er recognoscierte, ist vom 21. August 1032. In demselben Jahre starb er [4]), vor dem 17. December, an welchem Tage bereits ein Nachfolger Burchard functioniert.

2. Auch Burchard (1032 Dec. 17 — 1036 Oct. 26) war Geistlicher, hatte aber noch nicht die Priesterweihe empfangen. Als Recognoscent tritt er in Konrads Urkunden bis zum 26. October 1036 auf und wurde dann zu dem durch den Tod Branthohs erledigten Bisthum Halberstadt berufen, worauf er von Godehard von Hildesheim zum Presbyter geweiht wurde [5]).

3. Vom 26. October 1036 an durch mehr als zwei Jahre ist uns keine echte Urkunde deutscher Kanzlei erhalten. Wer während dieser Zeit das Kanzleramt bekleidet hat, wissen wir also nicht. Am 10. December 1038 wird uns dann Theodoricus als Kanzler genannt (R 260), der bis zum Tode Konrads in dieser Würde verblieb und auch die ersten Urkunden seines Nachfolgers recognoscirte, bis er im Juni 1040 Bischof von Basel wurde.

Nur wenig mehr wissen wir über:

---

als Erzbischöfe von Mainz, Köln und Bremen, ausserdem aber Vdalricus als vicecancellarius nennt.

3) Vgl. R. 164. 165.

4) Neorolog. Fuldense (Böhmer Fontt. III. 159) a. a. 1032 Vadalrichus cancellarius. Diese Nachricht widerlegt auch die Vermutung des Chron. Gottwicc. und Trouillats, dass Oudalrich identisch mit dem gleichnamigen Bischof v. Basel gewesen sei, denn dieser lebte noch lange nach 1032.

5) Ann. Hildesheim. SS. III 101.

II. Die italiänischen Kanzler.

1. Hugo [6]), der schon seit Sept. 2 1023 italiänischer Kanzler Heinrichs II gewesen war, ward von Konrad in seinem Amte belassen, obwohl das italiänische Erzkanzleramt von Eberhard von Bamberg an Aribo von Mainz übergieng. Dass er ein Deutscher war, scheint aus der Orthographie seines Namens Hugo hervorzugehen, welche er der it. Form Ugo entschieden vorzieht. Er war zugleich Kaplan; in R. 81 wird er ausdrücklich Capellanus und Cancellarius genannt. Nach der Kaiserkrönung Konrads, den er natürlich auf seinem Römerzuge begleitet hatte, wurde er zum Bischof von Parma ernannt, wie es scheint, zwischen 21. und 25. Mai 1027 [7]). Einige Zeit lang blieb er daneben noch Kanzler und unterzeichnet als „Parme nsis episcopus et cancellarius." Als aber der Kaiser nach Deutschland zurückkehrte, gab er seine Stellung in der Kanzlei auf (nach 25. Mai) und blieb in Italien auf seinem Bischofssitze.

2. Hugo's Nachfolger war B r u n o, ein Vetter des Kaisers der Bruder jenes jüngern Konrads, der des Kaisers Mitbewerber um die Krone gewesen war [8]).

Er war vor 1027 Kaplan seines Vetters, begleitete diesen auf dem Römerzuge und fungierte als Missus in Sachen des Klosters Leno gegen Everardus de Rodingo [9]). Nach der Beförderung Hugos stieg er dann zum Kanzleramte auf, am

---

6) So, nicht Ugo ist der Name zu schreiben. Cfr. §. 21.

7) Am 21. Mai zeichnet er noch ohne den Bischofstitel; in den zu Verona ausgestellten R. 94. 95. 96 führt er ihn schon. In R. 39 vom 25. Mai (Verona) lautet die Kanzlerunterschrift bei Ughelli: Ego ... cancellarius. Statt Ego lies Hugo; die Lücke scheint eps enthalten zu haben.

8) Der Kaiser nennt ihn seinen „nepos" in R. 124. 161, seinen „consanguineus" in R. 140. 163. Nepos steht hier in der allgemeineren Bedeutung, die es im Mittelalter so oft hat.

9) „unde illum noster dilectus Capellanus et Mipus Bruno investierat." R. 96. Durch dies Zeugniss fällt die ganze Combination Giesebrechts (II. 253. 255. 264.), dass Bruno der Verschwörung seines Bruders gegen den Kaiser nicht fern gestanden habe, dass er dann gezwungen in den geistlichen Stand getreten sei und dass schliesslich seine Ernennung zum Kanzler eine Versöhnung des Kaisers mit seinem Bruder bedeute.

23. October 1027 recognoscierte er zuerst als solcher eine Urkunde für Bobbio. (R 108). Am 8. März 1034 fungiert er zum letzten Male als Kanzler (R. 196), um dann den durch Meginhards Tod erledigten Bischofsstuhl von Würzburg anzunehmen [10]).

3. Das Kanzleramt blieb nun einige Zeit lang unbesetzt; am 30. April noch scheint es vacant gewesen zu sein, denn die an diesem Tage für Ravenna ausgestellte Urkunde entbehrt der Kanzlerunterschrift. (R 200). Aber wenige Tage darauf erscheint schon in Urkunde vom 6. Mai 1034 (R 202) als Kanzler Herimannus [11]). Auch Herimann entstammte einem sehr edeln Geschlechte, er war der Sohn des rheinischen Pfalzgraphen Ehrenfried oder Ezzo und der Mathilde, der Tochter Ottos II. Als Archidiaconus gehörte er dem Kölner Diöcesanclerus an, ausserdem war er Kaplan des Kaisers [12]). Auch für ihn war das Kanzleramt nur ein Durchgangspunkt für höhere Würden. Am 5. Juli 1036 wird er zuletzt Kanzler genannt (R 225), bald darauf folgte er dem am 24. August verstorbenen Pilgrim im Kölner Erzbistum [13]) und dem Erzkanzleramte für Italien, das er bis zu seinem Tode behielt.

4. Die italiänische Kanzlerwürde erhielt nun Kadeloh, Bischof von Naumburg, der zuerst am 31. März 1037 als Kanzler recognosciert [14]). Kadeloh war Bischof von Zeitz-Naumburg im Jahre 1030 geworden, nach dem Tode Bischof

---

10) Ann. Hild. a. 1084 SS. III. 99.

11) Die Recognitionszeile dieser Urkunde hat zwar im Abdruck bei Puccinelli Henrigus canc.; aber dies ist nur eine Corruption, denn unter den Intervenienten erscheint Herimannus canc.

12) Ann. Hildesh. a. 1036. SS. III. 101.

13) Ebendaselbst.

14) Vgl. über ihn Wattenbach in Schmidts Zeitschr. f. Gesch. 171, 531 ff. Wattenbach schliesst sich der Ansicht späterer Schriftsteller an, dass Kadeloh ein Lombarde gewesen sei, hauptsächlich des Namens wegen, den er für undeutsch hielt. Aber er selbst belegt den Namen aus zwei Salzburger Urkunden s. XI; einen Praeses Chadalhoch, einen Bruder Pilgrims v. Köln, nennt der Cod. tradit. Tegernseeens. (Mon. Boic. 14, 27) und Förstemann Namenbuch I. 306, der noch andere Beispiele bringt, unterscheidet die Form Chadalhoch auch etymologisch ausdrücklich von der lgbd. Chadalus.

Hildewards. (R. 147)[15][16]); er behielt sein Bisthum auch, als er die Leitung der Kanzlei übernahm. Er begleitete den Kaiser nach Italien und fungierte am 22. Februar 1038 als kaiserlicher Missus in einem Placitum zu Vivinaja, aus welchem drei Urkunden erhalten sind[17]). Bis zu Konrads Lebensende und auch unter seinem Sohne blieb er Kanzler und starb im Jahre 1044 oder nach anderer Ueberlieferung 1045 auf einer Reise nach Italien.

§. 4. Fortsetzung. — Unterbeamte der Kanzlei. Kanzlei und Kapelle.

Dass in der Kanzlei ausser den Kanzlern selbst noch untergeordnete Beamte beschäftigt waren, folgt aus der Natur der Sache. Es ist sicher, dass die Kanzler nicht alle Urkunden selbst schreiben konnten, und wäre noch ein Beweis dafür nötig, so wäre derselbe aus der Schriftvergleichung leicht zu führen. So sind, um nur ein Beispiel zu geben, R 116 und R 169 beide von Oudalrich recognosciert, aber von ganz verschiedener Contentschrift und sicher nicht von demselben Schreiber. Wer nun aber diese Schreiber und Hilfsbeamten der Kanzlei waren, welche Stellung sie einnahmen, welchen Titel sie führten u. s. w. — darüber lassen uns Urkunden wie Schriftsteller fast völlig im unklaren. Dennoch lässt sich durch Combination verschiedener Umstände eine einigermassen sichere Conjectur machen.

---

15) Ueber die Echtheit dieser Urkunde (und die Unechtheit von Jaffé Nr. 3117) vgl. R. 147 Anm.

16) Die Identität des Kanzlers Kadaloh und des Bischofs von Naumburg ist zweifellos. Denn

a. Der Kanzler Kadeloh wird Bischof genannt. (R. 229. 232. 249, 256.) Wir kennen aber 1032—1037 keinen andern Bischof Kadeloh, als den von Naumburg.

b. Kadeloh v. Naumburg stirbt 1044 (Ann. Altah.) oder 1045 (Lambert). Der Kanzler Kadeloh erscheint zuletzt 1043 Nov. 30, sein Nachfolger Adalbert 1045 Febr. 22. Beide Umstände treffen also zusammen.

c. Heinrich III. nennt in Urkunde d. d. Ingelheim 1043 Nov. 20 (St. No. 2249) den Naumburger Bischof Kadeloh ausdrücklich Romani palatii cancellarius. Von der Echtheit dieser Urkunde überzeugte mich eine Prüfung des Or. in Naumburg.

17) Muratori Antt. I. 317. 471. II. 983.

Sickel hat für die erste Karolingerzeit Kapelle und
Kanzlei streng von einander sondern zu müssen geglaubt,
aber das schliesst nicht aus, dass nicht in späterer Zeit hier
eine Aenderung eingetreten sein. Wir haben oben gesehen,
dass die Erzkanzler zugleich Erzkaplane waren, wir fanden
ferner für die drei Kanzler Hugo, Bruno, Herimann die
Würde eines Kaplans bezeugt. Ebenso waren in späterer
Zeit z. B. Theoderich 1047 cancellarius und archicapellanus [1])
und 1102 werden sowohl Otto (von Bamberg) als sein Vorgänger (es muss Walcher gewesen sein) capellani genannt [2]).
Unter diesen Umständen wird es nötig sein, was sich über
capella und capellani in der Zeit Konrads II. findet zusammenzustellen.

Als Kaplane Konrads II. kann ich die folgenden Männer
nachweisen:

1. Adelbrand, wird 1035 Erzbischof v. Bremen (Ann. Hild.)
2. Ambrosius, wird 1037 Erzbischof v. Mailand (Arnulf II. 14. SS. VIII, 15).
3. Bruno cappellanus 1027 (R. 96) wird Kanzler und 1034 Bischof v. Würzburg.
4. Bruno, wird 1036 Bischof v. Minden (Ann. Hild.)
5. Eppo, wird 1029 Bischof v. Augsburg (Ann. Hild.)
6. Eppo, wird 1034 Bischof v. Constanz (Ann. Hild.)
7. Herimann Kaplan, Kanzler, seit 1036 Erzbischof von Köln (Ann. Hild.)
8. Hugo Kaplan und Kanzler. (R. 81), 1027 Bischof von Parma.
9. Thietmar, wird 1039 Bischof v. Hildesheim. (A. Hild.)
10. Wazo, Kaplan — später Bischof v. Lüttich (Anselm. Gest. epp. Leod. c. 43. SS. VII, 215).
11. Wipo Kaplan (Wipon Epist. ad reg. Heinr. SS. XI, 254).

Ueber die Beschäftigung der Kaplane unterrichtet uns
die angeführte Stelle aus den Gesta epp. Leod. Dort heisst

---

1) Herim. Aug. a. a. 1047.)
2) Herbordi vita Ottonis III. 35. SS. xx, 765. Dass Otto wirklich Kanzler war, kann trotz Köpke's Zweifel kaum geleugnet werden.

es Wazo habe sich als „in solvendis sacrae scripturae quaestionibus magistrum aliarumque causarum disceptationibus sequestrum" gezeigt. Weiter wird uns berichtet, wie Wazo ein Streitgespräch über religiöse Dinge mit einem jüdischen Leibarzte des Kaisers gehabt habe. Mag das belehrend sein für das Treiben am Hofe, so ist doch für unsern Zweck wichtiger die aus Wipos Brief an Heinrich III. angeführte Stelle. Wipo entschuldigt sich hier wegen einzelner in seiner Darstellung vorkommenden Irrtümer damit, dass er oft durch Krankheit verhindert gewesen sei, in der Kapelle Konrads zu erscheinen. Die Kapelle war demnach der Ort, wo man sich über die Staatsgeschäfte gut unterrichten konnte.

Damit sind unsere Nachrichten über die Kapelle Conrads zu Ende. Hinzufügen lässt sich etwa noch aus dem Jahre 1064 die Notiz, dass die königlichen Insignien in der Kapelle aufbewahrt wurden [3]), und aus dem Jahre 1102 die höchst interessante Schilderung Herbords [4]) über das Leben am Hofe und in der Kapelle Heinrichs IV.

Fördert dies alles uns auch nicht viel, so steht doch soviel fest, dass die Kaplane, meist junge Geistliche aus guten Familien, am Hofe zu verschiedenartigen Geschäften verwendet wurden. Bei der oben in der Person des Erzkanzler und Kanzler nachgewiesenen Verbindung zwischen Kapelle und Kanzlei wird nun die Vermutung vielleicht als zulässig erscheinen, dass die Unterbeamten und Hilfsarbeiter der Kanzlei aus der Zahl der capellani gewählt wurden.

Schliesslich bleibt hier noch eines Bertaldus zu gedenken, den Arnulf [5]) als Vertrauten Conrads (regius a secretis) nennt. Er ist jedenfalls identisch mit dem Bertulfus „secretarius" des Kaisers, der in den Gesta epp. Camerac. [6]) erwähnt wird, vielleicht auch mit dem Grafen Bertoldus, welcher 1038 mehrfach als kaiserlicher Missus fungierte [7]). Ob

---
3) Ann. Altah. a. 1064. SS. xx, 811.
4) Vita Ottonis c. 34 ff. SS. xx, 764.
5) Arnulf II, 14. SS. VIII, 15. Bertaldus regius a secretis cujus cuncta fiebant consilio.
6) Gesta epp. Cam. III. 55. SS, VII, 487.
7) St. No. 2103. 2104. Mittarelli Annal. Camaldulens II. app. 69. Rena e Camici Serie dei duchi di Toscana I.d. 74.

er auch Kanzleibeamter war, lässt sich indess nicht sicher feststellen.

§. 5. Fortsetzung.
Geschäftsteilung in der Kanzlei.

Wie wir gesehen haben, schied sich die Kanzlei Konrads in zwei Abteilungen; die eine für Deutschland, die andere für Italien. Für die Verteilung der Geschäfte unter beide Abteilungen war nun die Lage des Objectes massgebend, über welches durch die anzufertigende Urkunde verfügt werden sollte. Gleichgiltig war dabei der Aufenthaltsort des Kaisers: in Deutschland werden Urkunden italiaenischer Kanzlei, in Italien solche deutscher Kanzlei ausgefertigt. Gleichgiltig waren auch Nationalität und Wohnort des Empfängers der Urkunde. Dem Bistum Chur sind vier Urkunden ausgestellt, eine davon, welche dem Stifte seinen sämmtlichen Güterbesitz und seine Privilegien bestätigt, (R. 218) ist von der deutschen Kanzlei ausgestellt, denn die überwiegende Mehrzahl der Stiftsgüter lag in Deutschland, in der deutschen Stadt Chur und ihrem Umkreise besass der Bischof Bann-, Münz- und andere Hoheitsrechte. Die drei anderen Urkunden dagegen, Güterschenkungen in Chiavenna, also auf italiänischem Gebiet betreffend, (R. 145. 246. 255) sind aus der italiänischen Kanzlei hervorgegangen.

Nur eins ist hierbei noch zu bemerken. Während die Urkunde R. 1 für das burgundische Kloster Peterlingen in der deutschen Kanzlei ausgefertigt ist, finden wir R. 85 d. d. Rom 1027 für dasselbe Kloster vom italiaenischen Kanzler Hugo unterzeichnet. An eine Corruption ist nicht zu denken; beide Abdrücke, von denen der eine auf dem Or. der andere auf einer guten Abschrift beruhen soll, stimmen darin überein. Auch verdächtig ist die Urkunde nicht, sie ist nur eine im ganzen wortgetreue Abschrift des unzweifelhaft echten R 1 (Or. in Lausanne), und hätte ein Fälscher diese Urkunde als Vorlage benutzt, so hätte er sicherlich nicht den Namen des Kanzlers geändert. Es scheint also in Bezug auf die Stellung von Burgund vor der definitiven Erwerbung dieses Königreichs die Kanzlei geschwankt zu haben.

Zu den beiden Königreichen Deutschland und Italien kam dann durch die Erwerbung Burgunds unter Conrad II. ein drittes hinzu. Aber wie die Neuorganisation dieses Landes überhaupt wohl nur langsam vor sich ging, so wurde auch nicht gleich eine besondere burgundische Kanzlei geschaffen: die einzige echte auf burgundische Angelegenheiten bezügliche Urkunde Konrads, nach der Erwerbung Burgunds, R 250, ist in der italiaenischen Kanzlei ausgefertigt. Erst Heinrich III. errichtete eine eigene Kanzleiabteilung für dies Reich.

Im Falle einer Vacanz des Kanzleramtes war es früher wohl vorgekommen, dass der Erzkanzler selbst recognoscierte. Noch St. 1819 ist nach der Beförderung Gunthers zum Erzbischof von Salzburg und vor der Ernennung Oudalrichs vom Erzkanzler Aribo selbst unterzeichnet. Aus Konrads Zeit ist nur eine während einer solchen Vacanz ausgefertigte Urkunde erhalten, R 200, und diese eine entbehrt der Recognition ganz.

Umgekehrt unterzeichnete während der Vacanz des Erzkanzleramtes der Kanzler selbstständig, nicht wie sonst vice eines andern. (R. 164. 165. 166.).

Es bliebe hier noch ein Wort darüber zu sagen, wie die Teilung der Geschäfte in der Kanzlei weiter vor sich ging, d. h. welchen Anteil die einzelnen Beamten an der Ausfertigung der Urkunden hatten. Da uns in den Urkunden nun aber nie gesagt wird, wer z. B. die Recognitionszeile, die Datierungsformel u. s. w. geschrieben habe, so sind wir hier ganz auf die Resultate der Schriftvergleichung angewiesen. Diese lehrt uns, dass bald die ganze Urkunde von einer Hand geschrieben ist (so z. B. R. 147), bald die Schlussformeln des Protokolls von anderer Hand als der Context und die Anfangsformeln. (so R 17 und nach gütiger Mittheilung von R. Wilmans R 118), bald endlich nur einige Worte von anderer Hand geschrieben sind (so z. B. NON. MAR. in R. 23) Eine eingehendere Erörterung dieses interessanten Punktes muss ich mir hier versagen; sie würde nur nach genauer Untersuchung und Vergleichung einer grossen Zahl von Originalen, wie sie nur das Münchener Reichsarchiv bietet, möglich sein.

§. 6. Heranbildung des Kanzleipersonals. Stellung und Einfluss desselben.

Unter den Ottonen und mit der wiederhergestellten Verbindung Deutschlands mit Italien hatte die deutsche Bildung grosse und bedeutsame Fortschritte gemacht. Es ist bekannt, wie in der Lombardei im 9., 10. und 11. Jahrhundert die grammatischen und rhetorischen Studien in nicht minder hoher Blüte standen, als die juristischen; und Rockinger[1]) hat mit Recht darauf hingewiesen, wie aus der Verbindung beider die ars notariatus hervorging, welche an italiaenischen Hochschulen dociert wurde. Wenn nun italiaenische Grammatiker nach Deutschland verpflanzt wurden, wie im 10. Jahrhundert jener Stephan, der in Würzburg lehrte, jener Gunzo von Novara u. a. so konnte es nicht fehlen, dass sie den in ihrer Heimat üblichen Gang der Studien an ihren neuen Aufenthaltsort mit hinüber brachten. Zahlreiche grammatische und literarische Schulen blühten bald in Deutschland: hier empfiengen junge Leute, die sich dem geistlichen Stande widmen wollten, den ersten Unterricht und kaum wird man es unterlassen haben, in diesen Schulen auch die erste Anleitung im Brief- und Urkundenstil zu geben²).

Vor allem war ja aber die Hofschule so recht eigentlich bestimmt, junge Leute in dergleichen Gegenständen zu unterweisen. Oft schon ist die Stelle angeführt³), in der erzählt wird, wie Karl d. Gr. sich von ihren Schülern „carmina et epistolas" vorlegen liess, und wenn Bruno unter Otto I. zugleich die zerrütteten Verhältnisse der Kanzlei neu ordnete, und in der Hofschule als Lehrer wirkte⁴), so hat er sicher nicht versäumt, auch tüchtige Kanzleibeamte heranzubilden. Auch unter Konrad wird gewiss die Hofschule fortbestanden haben, wenigstens hören wir, dass nach

---

1) Briefsteller und Formelbücher d. 11—14b. Ib. I. p. XIV. ff.

2) Muster von Schriftstücken aller Art hatte man ja in jedem Klosterarchiv. Aus späterer Zeit haben wir theoretische Schriften, welche aus solchen Lehrvorträgen in den Klosterschulen hervorgegangen sind. Vgl. Einleitung zur sächsischen summa prosar. dictam. bei Rockinger I. 210.

3) Monach. Sangoll. Gesta Karoli I, 3. SS. II. 732.

4) Vgl. Wattenbach Geschichtsquellen 208 ff.

wie vor junge Leute aus vornehmer Familie an den Hof kamen, um dort erzogen zu werden [5]). In die Kapelle wurden wohl im allgemeinen nur vornehme junge Leute aufgenommen. Wenigstens kennen wir von einem Teil von ihnen die edle Abkunft. Ich erinnere nur an des Königs Vetter Bruno, an Herimann, den Sohn des Pfalzgrafen Ezzo, an Bruno, Bruder des sächsischen Pfalzgrafen Siegfried, später Bischof von Minden, an Eppo, Bruder und Nachfolger des Bischofs Warmann von Constanz. Und das war nicht anders zu erwarten. Wir haben oben in der Liste der Kanzleibeamten und Kaplane gesehen, dass Kanzlei und Kapelle nur eine Vorstufe zur Erlangung hoher geistlicher Würden waren. Schriftsteller wenig späterer Zeit sprechen es ja offen aus, dass es Sitte sei, nur aus den Kaplanen die Bistümer zu besetzen, und dass edle junge Leute sich in Hoffnung auf Beförderung in der Kapelle beschäftigen liessen [6]).

Unter solchen Umständen konnte es denn auch nicht fehlen, dass die Kanzleibeamten grossen Einfluss auf die Regierungsgeschäfte erlangten. Dass zunächst die Erzkanzler eine sehr mächtige Stellung im Reiche einnahmen, wird Niemand bezweifeln. Und wenn auch ihre Bedeutung wohl weniger auf Rechnung ihres Kanzleiamtes als ihres Erzbisthums zu setzen ist, so bleibt es doch immer eine sehr wichtige Befugniss des Erzkanzlers von Deutschland als solchen, im Falle einer Thronerledigung die Wähler zur Königskur zu berufen und die Wahlhandlung zu leiten [7]).

Der Kanzler hatte in der Regel kein Bisthum, oder doch wie Kadeloh ein sehr unbedeutendes. Allen Einfluss, den er besass, verdankte er also seiner Persönlichkeit, oder seiner

---

5) So jener Bruno von Egisheim, später Bischof von Toul und Papst, der an den Hof kam „ejus (sc. Conradi) educandus in aula atque excubaturus in basilica." Wiberti Vita Leon. IX. c. 6. Watterich I. 133.
6. Vgl. Anselm. Gesta epp. Leod. c. 56 SS. VII, 219. Ex capellanis pocius episcopum constituendum, quod nefas sit alium episcopari, nisi quem constiterit in curte regia evagari. Herbordi Vit. Ott. Bamb. SS. XX 765 multi ergo nobiles et magni viri, cognati et filii principum in curia degebant, spe promotionis vice capellanorum obsequentes.
7) Vgl. oben §. 2.

Amtsstellung. Werden wir nun über diese gering denken können, wenn in einem Placitum Heinrichs II.[8] sein Kanzler Theiricus, wie er dort heisst, „summus cancellarius domni imperatoris" genannt wird, oder wenn Otto III. seinen Kanzler Heribert „archilogotheta"[9] oder auch „logotheta principalis"[10] nennt, oder wenn in einer päpstlichen Urkunde von 1060 der Kanzler Heinrichs IV, Wibert, das sonst nur Fürsten beigelegte Prädicat „serenissimus" erhält?[11]). Insofern dürfte Stumpf nicht Unrecht haben, wenn er[12] die Bedeutung der Reichskanzler sehr hoch anschlägt. Nur vor einem Schlusse, glaube ich, muss man sich hüten. Der Kanzler hatte seinen ihm angewiesenen Geschäftskreis in der Kanzlei. Werden nun Kanzler in anderer Beschäftigung erwähnt, wie uns das bei erfahrenen und einflussreichen Beamten nicht weiter auffallen kann, so wirken sie in dieser, der Kanzlei eigentlich fremden Amtstätigkeit, kaum je als Kanzler, sondern kraft besonderen Auftrages des Königs, der ebensogut jedem anderen hätte erteilt werden können, welchen der Fürst mit seinem Vertrauen beehrte. Dies hat, meiner Meinung nach, auch Ficker verkannt, wenn er annimmt[13]), dass „der Kanzler für Italien kraft seines Amtes berufen war, den König im Hofgericht zu vertreten." Er selbst giebt aber die Möglichkeit zu, dass die Kanzler in den ihm vorschwebenden Fällen fungiert hätten, „nicht Kraft besonderen Auftrages, sondern weil sie damals mehr zufällig zugleich zu Königsboten für Italien ernannt waren." Dafür scheint mir nun der Umstand ganz entscheidend zu sein, dass in allen von Ficker angeführten Stellen die Kanzler zugleich als »missi« bezeichnet werden. Wäre der italiänische Kanzler schon als solcher berufen gewesen im Hofgerichte zu praesidieren, so wäre eine solche Ernennung zum missus

---

8) Von 1024. St. 1781.
9) Vita Heriberti SS. IV, 743.
10) St. Nro. 1200.
11) Zaccaria Leno 104. Vgl. Vita Heriberti SS. IV, 742. Heribertum ad se accersitum archicancellarium (rectius cancellarium) et secreti sui voluit esse primum.
12) Reichskanzler II. 10.
13) Forschungen z. it. Rechtsgesch. I. 323 ff.

doch mindestens übeflüssig gewesen [14]). Und dass grade so geschäftskundige Beamte, wie die Kanzler, die mit allen Arten von Rechtsgeschäften umzugehen hatten, mit missatischer Tätigkeit betraut werden, ist auch nicht auffallend: kommen doch auch andere Kanzleibeamte als Missi vor [15]). Ebenso aber wie diese Annahme Fickers, meiner Meinung nach, in sich fällt, ebensowenig wird eine andere dem Kanzler als solchen zufallende regelmässige Tätigkeit — die Kanzleimässige selbst natürlich ausgenommen — in der Zeit Konrads II. zu erweisen sein.

Ein Wort bleibt noch zu sagen über den Rang des Kanzlers. In der Zeugenreihe von R. 118 wird der Kanzler Oudalrich nach den Bischöfen, aber vor den niederen Geistlichen genannt, und dies wird also auch seine Rangstellung bei Hofe gewesen sein. Ficker hat einmal behauptet, dass im 12. Jahrhundert der Reichskanzler dem Reichsfürstenstande angehörte. Ich brauche auf diese Behauptung um so weniger einzugehen, als, wie ich unten zeigen werde, zu Konrads Zeit überhaupt kein officiell anerkannter Reichsfürstenstand existirt hat.

14) Auch die von Ficker angezogene Urk. für Lucca von 1081 (St. 2834) beweist nichts für ihn. Denn die Urkunde ist interpoliert, offenbar nach dem Muster von St. No. 2833 und jede Stelle, die dort nicht steht ist verdächtig; der Bestätigung von 1209 aber konnte schon eine interpolierte Urk. zu Grund gelegt sein. Selbst wenn die betr. Stelle aber echt wäre, wäre sie ohne Beweiskraft. Es heisst dort: ut Longobardus judex — judicium non exerceat nisi nostra aut filii nostri presente persona vel etiam cancellarii nostri. Mit filius noster kann nur Heinrichs IV. Sohn Konrad gemeint sein; der aber war 1081 noch nicht König, also nicht eo ipso zum Vorsitze im Hofgericht befähigt; wir dürfen deshalb auch vom Kanzler dies nicht ohne Weiteres annehmen. — Ebenso wenig ist für Fickers Ansicht entscheidend, dass der Kanzler in Placiten häufig vor anderen Grossen genannt wird, die ihm sonst im Range vorgehen. Man band sich in Placiten überhaupt nicht so streng wie in Präcepten an die Reihenfolge der Zeugen. So werden z. B. im Placitum des Kanzlers Kadeloh (Muratori Antt. II. 283) die Grafen Bertald und Adalbert vor dem Bischof Adalfred von Bologna genannt.

15) z. B. Bruno noch als capellanus R. 96. und Hermann, Erzkanzler für Italien im Placitum bei Burgo Arbia 1038. (Murat. Antt. II. 961.)

Zweites Capitel.
Die Urkunden.
Innere Merkmale.

Vorbemerkung. In den technischen Ausdrücken für die einzelnen Urkundenteile folge ich Sickel. Ich nenne demgemäss Formular oder Context alle Teile der Urkunden zwischen dem Titel des Königs und seiner Unterschrift, die übrigen Bestandtteile aber fasse ich als Protokoll zusammen. Das Protokoll besteht aus 1. der Invocation. 2. Namen und Titel des Königs. 3. Königliche Unterschrift. 4. Kanzlerunterschrift. 5. Datierungszeile. 6. Apprecation. Die Teile des Formulars sind 1. Arenga. 2. Promulgations- oder Publicationsformel. 3. Narratio. 4. Dispositio. 5. Corroborationsformel. 6. Anderweite Bekräftigungsformeln.

1. Das Formular.
§. 7. Das Formelwesen.

Der Urkundentext mit Hinweglassung der Aufangs- und Schlusszeilen des Protokolls bildet ein Ganzes, das sogenannte Formular, die Urk. Formel. Insofern diese Urk. Formel die eigentlich verfügenden Theile der Urk. umfasst und dieser ihren eigentümlichen rechtlichen Character giebt (während das Protokoll meist für alle Urkunden-Arten dasselbe bleibt) ist sie für die Urkunden-Lehre im höchsten Masse wichtig und ihre genaue Untersuchung in jedem Falle förderlich, oft allein massgebend für die Kritik.

Von den zahlreichen Formelsammlungen aus merovingischer und karolingischer Zeit, die in der Kanzlei der Könige üblich waren[1]), haben sich nur wenige oder vielleicht keine

---

[1]) Sickel hat sie so eingehend behandelt, dass ich mir ersparen kann, darauf weiter einzugehen. Rozière hat noch eine Behandlung des Gegenstandes verheissen.

vor Veränderungen bewahrt. Unter Ludwig d. Frommen schon hatten die Formeln eine stilistische Umbildung wesentlicher Art erhalten, und es war nur vorauszusehen, dass die doch in mancherlei Art veränderten rechtlichen und politischen Anschauungen im ostfränkischen und deutschen Reiche auch die Urkundentexte und Formeln nicht unbeeinflusst lassen würden. Um 890 legte dann Salomo III., Bischof von Constanz, seine berühmte Formelsammlung an, von der wir eine treffliche Ausgabe Dümmler verdanken. Es war die letzte Formelsammlung im alten Sinne. Was später in Tegernsee, St. Emmeram, Reichenau und Lorch gesammelt wurde, wurde unter anderen Gesichtspunkten und nach anderen Principien zusammengetragen. Die Briefe, die schon in Salomons Sammlung einen bedeutenden Bestandtheil bildeten, waren für diese Sammler wichtiger als die Urkunden, und auch für das Buch, das Fromund von Tegernsee im Anfang des 11. Jahrhunderts zusammenstellte (und von dem ich nicht weiss, ob es uns erhalten ist) wird der Briefstil das wesentlich massgebende gewesen sein [2]).

In der zweiten Hälfte des 11. Jahrhunderts beginnt dann für Briefsteller und Formelbücher eine neue Epoche. Alberich von Monte Cassino wendet zuerst seine schriftstellerische Tätigkeit der Theorie der ars dictandi — so der technische Ausdruck — zu, die durch seine verschiedenen Schriften begründet, nachher so oft behandelt, so fruchtbringend weiter gebildet ist. Aber auch für Alberich war es das wichtigere eine Anleitung zur Abfassung von Briefen zu geben, die Capitel über kaiserliche Präcepte und päpstliche Privilegien sind mager und dürftig [3]). Und wie konnte das anders sein?

---

2) Ueber alles Vorangehende vgl. Rockinger's Einleitung zu seinem „Briefsteller und Formelbücher des 11. bis 15. Jahrhunderts" und Wattenbach „Ueber Briefsteller und Formelbücher des Mittelalters." Arch. f. öst. Gesch. XIV.

3) Aus Alberich ist das Syntagma dictandi, welches Mabillon (dipl. 618) nach einem Codex saec. ,12 veröffentlicht hat. Ich kann mich nicht überzeugen, dass wie Sickel I 24 N. 8 meint diese Capitel auf Quellen älterer Zeit beruhen. Alberich lebte um 1080; der G. Vercellansis episcopus, der in den Subscriptionen seiner Beispiele vorkommt, ist also doch wohl sicher jener Gregor v. Vercelli, der unter Heinr. IV.

Alberich hatte nicht, wie jene früheren Formelsammler ein umfassendes Material von Kaiserurkunden verschiedener Art und aus verschiedenen Orten vor sich. Was er über Präcepte zu sagen hatte, konnte er nur aus den wenigen Urkunden abstrahieren, die ihm im Archive seines Klosters vorlagen. Und wenn er zunächst kaum für Leute schrieb, die sich dem Dienste in der kaiserlichen Kanzlei widmen wollten, sondern für ein klösterlich-geistliches Publicum, für welches die Abfassung von Briefen bei weitem das wichtigere war, so konnte er füglich mit jenen dürftigen und nur der Vollständigkeit wegen hinzugefügten Notizen über Präcepte und Privilegien sich begnügen. Zu bedauern ist nur, dass ihm seine Nachfolger in der theoretischen Behandlung der Ars dictandi, denen vielleicht besseres Material zu Gebote gestanden hätte, meist auf dem betretenen Wege gefolgt sind.

Es liegt uns also, wie sich aus dem gesagten ergiebt, keine Sammlung von Formeln vor, die zur Zeit Konrads für den Bedarf der Kanzlei genügt hätte. Nichtsdestoweniger kann nicht bezweifelt werden, dass es eine Sammlung von Mustern in der Kanzlei selbst gegeben hat.

Die Bestätigungsurkunden für Bamberg R. 6. 8. 12. 13. 14. 15 stimmen z. B. so wörtlich überein, dass die Benutzung einer gemeinschaftlichen Vorlage für alle sechs ganz zweifellos ist. Ebenso sind die Schenkungsurkunden R. 32. 33. 45. 116. 129. 211. 212. 255. u. v. a. nach einer gemeinschaftlichen Formel dictiert, welche in allen mit geringen Abweichungen, Weglassungen, Zusätzen wiederkehrt. In R. 127 kehrt ebenfalls dieselbe Formel wieder, aber mit einem bedeutenderen Zusatze, die Marktbestätigung in Friesach betreffend. Ebenso haben R. 111. 119. 120 eine gemeinsame Formel. So wäre es nicht schwer aus den Urkunden Konrads selbst eine vollständige Sammlung der in seiner Kanzlei üblichen Formeln sich anzulegen; eine Arbeit, die aber den Raum dieser Abhandlung überschreiten würde[4]).

---

bis 1077, allerdings nur Kanzler war. Das spricht aber doch für Abfassung um diese Zeit und in Italien.

4) Wo die Untersuchung der Formel für die Kritik und Interpretation

Für die gewöhnlichsten in der Kanzlei vorkommenden Rechtsgeschäfte waren also Formeln, und zwar wahrheinlich für die meisten mehrere da, von denen vorkommenden Falles nur eine ausgewählt und dem Dictat zu Grunde gelegt zu werden brauchte. Unter Umständen konnten der Kanzlei aber auch Fälle vorgelegt werden, die unter keine der bestehenden Formeln zu subsumieren waren. Ein solcher Fall war z. B. der von R. 189. Konrad hatte bald nach seiner Wahl auf Veranlassung Aribos der Mainzer Kirche eine Grafschaft geschenkt, welche schon von Heinrich II. legal dem Bistume Paderborn übertragen war. Im Laufe der Zeit wusste nun aber Meinwerk beim Kaiser die Restitution dieser Grafschaft durchzusetzen, während die Mainzer Kirche „des Friedens halber" durch eine andere entschädigt wurde. Alle diese Umstände sollten in einer Urkunde erwähnt werden. Da war freier Spielraum für die selbstschaffende Tätigkeit der Dictatoren gegeben, und wir werden sehen, wie sich grade diese Urkunde durch besonders künstliche Behandlung der Sprache auszeichnet. Eine ähnliche Veranlassung lag vor, wenn in R. 155. 156 zur Motivierung der Confiscation der Güter der gegen ihren Bischof aufständischen Cremonesen die Geschichte der Rebellion ausführlich erzählt wird. Und ähnlich in ähnlichen Fällen. Die dann dem vorhandenen Formelvorrat hinzugefügten Neubildungen konnten so für die Zukunft wohl selbst als Muster dienen.

Bedeutend grösser aber war die Zahl der von der königlichen Kanzlei ausgefertigten Bestätigungen der Diplome früherer Regenten. Wir haben oben gesehen, dass diese Diplome, wenn eine Bestätigung nachgesucht wurde, vorgelegt und verlesen worden. War dann der Befehl zur Ausfertigung der Bestätigungsurkunde erteilt, so giengen jene früheren Diplome in die Kanzlei und dienten dort als Vorlagen für die neu auszustellenden[5]), indem ihr Context wie-

---

besondere Bedeutung hat, ist sie in den Anmerkungen zu den Regesten vorgenommen, auf welche ich verweise.

5) In R. 107 heisst es ausdrücklich: das frühere Diplom renovari et rescribi jussimus.

derholt und nur ein anderes Protokoll hinzugefügt wurde [6]).
Von der grossen Zahl der hierfür vorhandenen Beispiele will ich nur wenige anführen:

R 20 Vorlage: St. Nro. 1395.
R 21 „ „ „ 1351.
R 28 „ „ „ 1771.
R 35 „ „ „ 1563.
R 36 „ „ „ 1344. 1345.
R 61 „ „ „ 1615.
R 82 „ „ „ 1207.
R 89 „ Diplom Berengars von 918 Dondi II 18.
R 90. 230 „ St. Nro. 1707.
R 107 „ „ „ 1362.
R 145 „ „ „ 1047.
R 167 „ „ „ 1749.
R 253 „ „ „ 1600, und viele andere.

Auch nicht kaiserliche Urkunden, welche bestätigt werden sollten, wurden zuweilen als Vorlagen benutzt. So ist z. B. für R 190 wahrscheinlich das Traditionsdocument Giselas, für R 193 eine Urkunde des Bischofs Gerhard I. von Cambray für S. Andreas von Perona, für R. 185 die Stiftungsurkunde Bischof Siegberts von Minden für das Kloster S. Martin mit benutzt.

Wir haben also mit Rücksicht auf die Formel, drei Arten von Urkunden zu unterscheiden:
1. von den Dictatoren frei stilisierte
2. vorhandenen Formeln nachgebildete
3. nach früheren Urkunden nachgeschriebene.

Bei der letzteren Kategorie ist aber an einem Umstande festzuhalten. Die Kanzlei stilisirte nur dann eine neue Urkunde nach der eines früheren Herrschers, wenn der Rechtsinhalt der Vorlage im wesentlichen dem der neuauszufertigenden entsprach. Wo dies nicht der Fall ist, wo

---

6) In späterer Zeit wurden die ganzen Urkunden mit ihrem Protokoll in die Bestätigungsdiplome insoriert; unter Konrad kommt das noch nicht vor. Die einzige Urkunde, die eine solche Insertion hat (R 275) ist falsch.

also bei so gleicher Formulierung zweier Urkunden, dass man Benutzung der einen durch den Dictator der anderen nachweisen kann, die jüngere einen wesentlich anderen Rechtsinhalt hat als die ältere (von blossen Erweiterungen und Zusätzen abgesehen) — da entsteht begründeter Verdacht, gegen die Echtheit der einen oder der anderen. So ist z. B. R. 270 betreffend die Schenkung der Grafschaft Misox an Como, darum als unecht zu erweisen, weil aus der Uebereinstimmung unkanzleimässiger Ausdrücke und der Formel sich ergiebt, dass Heinrichs II. Urkunde St. 1383 (und für diese wieder Arduins Diplom St. 1842) als Vorlage benutzt sind. Nun betreffen aber die beiden Urkunden Heinrichs und Arduins die Schenkung eines Anteils am Castell Bellinzona, können also der königl. Kanzlei für die Urkunde über Misox nicht vorgelegt sein. Aus gleichem Grunde ist auch R. 65 verdächtig, wenn nämlich, wie es doch scheint, Heinrichs II. Urk. St. Nro. 1487 als Vorlage gedient hat.

§. 8. Art der Nachbildung.

Für die Nachbildung war es nun ganz gleich, ob die Vorlage, nach der man sich zu richten hatte, eine Formel oder eine andere Urkunde war. In beiden Fällen geschah ganz dasselbe. Man fügte dem beizubehaltenden Context das nötige Protokoll hinzu, und die Urkunde war fertig. Bisweilen hielt man sich dabei ganz streng an die Vorlage und schrieb sie mechanisch ab. So stimmen z. B. von den Bamberger Urkunden R 12 und R 14 bis auf die Eigennamen wörtlich überein, während R 13. 15. mehrere, allerdings nur unbedeutende Abweichungen haben. Das war bei Formeln, denen alle individuellen Züge fehlten, ganz unverfänglich, während es, wo eine frühere Urkunde bestätigt wurde, vorkommen konnte, dass Tatsachen und Ausdrücke in die neue Urkunde übergiengen, die für diese gar nicht passten. So finden wir z. B. im Or. R 11 den widersinnigen Zusatz „coram antecessore nostro Ottone imperatore et archiepiscopo Rhabano." Diese Worte sind wahrscheinlich aus der Fälschung St. 203 in unsere Urkunde ebenso, wie in die Heinrichs III. von 1040 St. 2201 übernommen, während Heinrichs Urkunde St. 2141 das richtige „acoram outecessore nostro Ludowico et archiepiscopo Hrabano" hat[1]). Ein ähnlicher Fall ist der von R. 66, wo von Adheleidis imperatrix augusta amita nostra" die Rede ist. Konradens amita war Kaiserin Adelheid nicht, die Bezeichnung ist einfach aus Heinrichs II. Urkunde St. 1599 mit herübergenommen. In beiden Fällen könnte man, wenn man es unterliesse auf die Prüfung der Vorlagen zurückzugehen, leicht dahin kommen, ungerechtfertigte Zweifel an der Echtheit der Urkunden zu hegen.

Nicht alle Schreiber und Dictatoren aber hielten sich so streng an die Vorlage, sondern manche bildeten dieselbe frei weiter. Notwendig war natürlich eine Abweichung von derselben, wenn sich die neue Urkunde auch materiell von der alten unterscheiden sollte; so wenn z. B. bei Aufzählung der Güter und Rechte eines Stiftes seit der letzten Confirmation neues hinzugekommen war und nun bestätigt werden sollte. So wurden in R. 17 ausser der Immunitätsverleihung Ottos II. (St. 661) auch die Markt-, Münz- und Zollverleihung Ottos III. (St. 893) bestätigt. In R. 106 ist die Zahl der aufgezählten Güter grösser, als in der Vorlage (St. 1696), es waren seit 1018 eben mehrere neu hinzugekommen. Wieder in anderen Fällen wurden durch die neue Urkunde selbst die Gerechtsame eines Stiftes zugleich bestätigt und erweitert. Ein Beispiel ist R. 64, das von seiner Vorlage St. 1626 in mehreren Punkten abweicht. St. 1626 war ein Apennis und eine Bestätigung von ²/₃ der Einkünfte von Zoll, Markt und Brücke. Der Apennis wurde jetzt von Konrad wörtlich wiederholt, in der Bestätigung wurden statt ²/₃ jetzt die ganzen Einkünfte erwähnt, endlich eine Immunitätsformel neu hinzugefügt. Dieser Erweiterung entsprechend wurde dann in der übrigens beibehaltenen Poenformel die Summe von 100 Pfd. Gold auf 1000 erhöht.

Nicht minder frei verfuhr man aber auch, wenn ein solches Bedürfniss nicht vorlag. So ist es z. B. höchst in-

---

[1] Vgl. über das Verhältniss dieser Urkunden zu einander und zu der Ludwigs von 853 Mai 22 auch Wilmanns Kaiserurkunden der Provinz Westfalen I. 128.

teressant die charta denarialis R. 72 mit den gleichen Formeln von Rozière Nro. 59 und der Urkunde Heinrichs I. (St. Nro. 11) einerseits und der Urkunde Heinrichs III. (St. 2390) andererseits zu vergleichen. Man sieht hier deutlich, wie sich die Formel allmälich umgeformt hat. Und als weiteres Beispiel von freier Umgestaltung einer Formel mögen hier die Eingänge von R 111 und R 119 zusammengestellt werden.

R 111.

Ad praesentem prosperitatem et ad aeternam spem sibi prospectum parat, quisquis ecclesias dei vel a fundamento locat, vel a perversis dirutas redintegrando locupletat. Quo copia cum maxime regibus et imperatoribus presto fuisset, ex quo christianae religioni colla subdiderunt, pium et racionabile nobis videtur nil ab his deviare quibus credimus antecessores nostros sibi eternam requiem promeruisse. Unde dei nostrorumque fidelium univers'tati tam praesentibus quam futuris notum esse cupimus p. p.

R. 119.

Ad praesentis vitae statum et ad eterne retributionis spem sibi profectum parat, quisquis ecclesias dei vel a fundamento locat vel a perversis dirutas aliquibus bonis suis locupletat. Quo copia cum maxime regibus et imperatoribus presto sit, ex quo se christiane religioni subdunt, pium .et racionabile nobis videtur, nihil ab hiis devitare quibus credimus antecessores nostros sibi eternam requiem promeruisse. Unde dei nostrorumque fidelium tam praesentium quam et futurorum universitati notum esse volumus p. p.

§. 9. Arenga.

Der erste Bestandtheil des Urkunden-Contextes ist die Arenga oder das Prooemium[1]). Es ist dies eine Formel von allgemeinem Inhalt, welche die in den Urkunden gegebene Verfügung motivieren soll. Es finden sich darin religiöse und politische Reflexionen. Die Pflicht des Königs alle Reichsangehörigen und die Kirche insbesondere zu schützen, der Gedanke, dass der Kirche erwiesene Wohltaten reichen Lohn im ewigen Leben eintragen und Gottes Beistand dem

---

1) In Briefen auch captatio benevolencie (Alberic. Cassin. Rock 1. 18) exordium (Ars dict. Aurel. Rock. I. 108) proverbium (Ludolf, mag. summ. dict. Rock. I. 867) genannt. Die sächsische summa pros. dict. (Rock I. 218) definiert: est arenga concors et verborum et sentenciarum posicio auctoritate aliqua (si dictatori placuerit) interserta. Und Konrad v. Mure (Rock. I. 465): Arenga est quedam prefacio quo ad captandam benivolenciam premittitur et facit ad ornatum.

Reiche sichern würden, sowie dass reichliche Gnadenbezeugungen die Unterthanen getreuer und dienstfertiger machen würden: diese und ähnliche Betrachtungen werden in vielfacher Form variiert, bisweilen unter Bezugnahme auf die Vorschriften der Bibel [2]) oder das Beispiel der Vorfahren [3]).

Die Zahl der vorhandenen Arengen in Konrads Zeit ist sehr bedeutend. Denn einmal standen sämmtliche Arengen der alten Formeln zur Disposition, so dass wir in Konrads Urkunden solchen Einleitungen aus der ältesten Zeit begegnen [4]), andererseits war es den Dictatoren bei ihrer Bildung und bei ihrer Gewöhnung an freie Stilisierung [5]) nicht schwer vorkommenden Falles jene oft wiederholten Gedanken noch einmal in anderer Form auszudrücken. Und grade die Arenga, Worte ohne eigentlich bedeutenden Inhalt und von vorn herein „ad captandam benivolentiam et ad ornatum" bestimmt, war so recht geeignet dem Dictator Gelegenheit zu geben, seine Stilgewandtheit zu zeigen. Es folgt hieraus, dass in keiner Formel eine so grosse Mannigfaltigkeit herrscht, wie grade in der Arenga.

In gewisser Beziehung zu dem Inhalt der Urkunde musste die Arenga allerdings stehen [6]). Es wäre z. B. nicht möglich, eine Arenga, die von Pflichten des Königs gegen die Kirche handelt, einer einem Laien gegebenen Urkunde vorauf zu schicken. Eine Arenga, wie die von R 185 Si in monasteriis construendis etc. konnte nur da stehen, wo es sich um Neugründung eines Klosters handelte; wenn man in der Arenga von der Schädigung einer Kirche (z. B. R 196 Si ecclesie, dei per alicujus detentionis immunitatem destructe etc.) oder von ungerechten Bedrückungen der Unterthanen durch feind-

---

2) Dei jussa sequentes et promissionem illius adipisci cupientes qui dixit „date et dabitur vobis" etc. R. 48. Vgl. auch das allerdings nicht aus der kaiserlichen Kanzlei hervorgegangene Stück R. 103.

3) Antecessores nostros regali vel imperiali dignitate suffultos etc. R. 224.

4) z. B. Arenga von R. 68 = Rozière Formules Nro. 24.

5) Vgl. unten §. 12.

6) Sächs. summ. pros. dict. (Rockinger I. 218) Arenga ita premitti debet ut a subsequente materia non solum non discrepet vel discordet, inmo vero per omnia sibi perficiat sensum ejus.

liche Gewalt (z. B. R 210 Si necessitate et injusta oppressione laborantibus etc.) sprach, so passte das nur, wenn wirklich in der Urkunde solche Verhältnisse berührt wurden. Aber diese ganz allgemeinen Beziehungen der Arengen zum Inhalt der Urkunden lehren uns nur selten etwas, was nicht in diesen selbst deutlicher ausgedrückt wäre. In allen Fällen muss man sich hüten, was Sickel mit Recht betont hat, diese Arengen ohne weiteres als historisches Material für die Individualität eines Herrschers und seine Regierungsgrundsätze, ja sogar für die Eigentümlichkeiten seines Zeitalters zu verwerten. Von allen Arengen Konrads machen nur drei eine Ausnahme: R 155. 156 welche zur Motivierung der in ihnen getroffenen Verfügungen die Rebellion der Cremoneser beschreiben und R 178, dessen Arenga die Verlegung des Bistums Zeitz nach Naumburg erzählt. In diesen Fällen aber giebt die Arenga schon ihren eigentlichen Charakter auf, und was hier in der Arenga gesagt ist, hätte eigentlich in die narratio gehört.

Hier bleibt nur noch zu bemerken, dass die Arenga ein notwendiger Bestandtheil der Urkunden nicht ist. Auch kommt nicht etwa die Arenga einer bestimmten Kategorie von Urkunden zu, einer anderen aber nicht, sondern von keiner Urkundenart lässt sich in unserer Zeit sagen, dass sie einer Arenga bedürfe oder keine Arenga haben könne.

§. 10. Promulgation.

Die zweite Formel des Urkunden-Contextes, oder, wo die Arenga fehlt, die erste, ist die Promulgatio oder Publicatio, d. h. die Kundmachung des kaiserlichen Befehls [1]. In karolingischer Zeit waren in dieser Formel häufig die einzelnen Beamtenclassen aufgezählt worden, denen der königliche Wille kundgegeben werden sollte. In unserer Zeit aber kommt eine solche Specialisierung nicht mehr vor; jedes Praecept ist ein offener Brief, der an alle die gerichtet

---

[1] Nur R 91 und R 248 entbehren der Publcationsformel. Aber von ersterer Urkunde haben wir nur einen schlechten und verstümmelten Abdruck und von R 248 hat Muratori nur einen Extract mitgeteilt. Wahrscheinlich haben beide Urkunden im Original die Promulgatio.

ist, über welche des Kaisers Macht sich erstreckt. Wo eine Arenga vorhanden ist, wird die Promulgationsformel an diese durch eine Consecutivpartikel wie quapropter (R 4. 81. 107. 260) unde (R. 118. 119. 196) quocirca (R 35. 133. 177) ideo (R 101. 126) idcirco (R 130. 193) igitur (R 63. 136.) angeschlossen.

Für die Promulgationsformel selbst giebt es zahlreiche Varianten. Zu den gebräuchlicheren gehören: Omnium Christi nostrique fidelium universitatem scire jubemus (R 181) Noverit omnium dei nostrique fidelium praesentium scilicet ac futurorum industria (R 172) Omnibus Christi nostrique fidelibus praesentibus scilicet ac futuris notum esse volumus. (R 174). Die Treue gegen den Kaiser und die Kirche (sancta dei aecclesia R 48) sah man also als mit einander im Zusammenhange stehend an, und die doppelte Bedeutung des Wortes fidelis (getreu und gläubig) gab Gelegenheit beides zu einem Begriffe zu verbinden. Weil dem aber so war, weil kein Ungläubiger als des Kaisers Getreuer gelten konnte, und umgekehrt jeder Angehörige der Kirche ihren weltlichen Schirmherren, den Kaiser, als sein Oberhaupt anerkennen musste, grade deshalb genügte es auch, nur eine von beiden Beziehungen auszudrücken, welche dann die andere mit einschloss. So heisst es in R. 48 Cunctis ejusdem sanctae dei aecclesiae filiis notum esse cupimus, oder in R. 245 Cognoscat omnis christianitas und andererseits in R. 151 nur Noverint omnes fideles nostri. Diese fideles nostri werden in anderen Urkunden näher bezeichnet als die sub Romani imperii universitate degentes (R. 200) oder als sub nostro imperio degentes (R. 112).

Auf die einzelnen Ausdrücke der Formel kann ich nicht näher eingehen, ihre Mannigfaltigkeit ist sehr gross. Für industria z. B. in der zweiten der obigen Formeln kommen vor solertia (R. 210) sagacitas (R. 87) devotio (R. 123) charitas (R. 145) cautela (R. 11) sagacitatis industria (R. 145). Ebenso zahlreich sind die Varianten der anderen Ausdrücke.

Zu erwähnen bleibt nur, dass ommibus in Christo fidelibus (ausser in dem falschen R. 279) ebenso wenig vorkommt wie eine Grussformel in der Promulgation. Eine Ausnahme macht wieder nur eine Fälschung R. 275.

§. 11. Narratio. Dispositio.

An die Promulgation schliesst sich nun unmittelbar der eigentliche Rechtsinhalt der Urkunde an, dessen weitere Gestaltung von der Art des Rechtsgeschäftes und der für dasselbe bestehenden Formel abhängt. Dieser wichtigste Teil der Urkunde gliedert sich nun in vielen Fällen wieder zweifach; wir unterscheiden die Narratio, welche die Vorgänge erzählt, die dem Befehl des Königs zur Ausfertigung der Urkunde und seiner rechtlichen Verfügung vorangegangen sind und die Dispositio, welche die königliche Verfügung selbst enhält.

In der Regel wird in der Narratio die Bitte um Ausstellung der Urkunde mit ihrer Begründung mehr oder weniger ausführlich erzählt. So bot die Narratio Raum Umstände aller Art, die wichtig genug erschienen, in die Urkunde aufzunehmen: z. B. Notizen über die Gründung eines Klosters und den ihm bisher durch Urkunden der Vorfahren erteilten Schutz (R. 181. 20), über streitige Rechtsfragen und deren Erörterung und Entscheidung (R. 118. 189) u. a. Häufig wird in der Narratio auch der ganze Inhalt vorgelegter früherer Urkunden reproduciert (R. 49. 51. u. v. a.), so dass zu bestätigende Güter bisweilen hier schon aufgezählt werden (R. 60).

Von der Narratio erfolgt dann der Uebergang zur Dispositio gewöhnlich durch eine Formel welche die Gewährung der in jener enthaltenen Bitte ausspricht z. B. Cujus rationabili ac justae petitioni assensum praebentes (R. 181. ähnlich R. 12. 13. 14. 15.) Nos vero ob divinum amorem pie ejusannuentes petitioni (R. 31) Cujus petitioni quoniam rationabilis videtur hoc renegare noluimus (R. 35) u. a. m., worauf dann der Befehl des Königs mit praecipimus, jubemus, conccdimus u. s. w. folgt.

Häufig fehlt nun aber die Narratio ganz, und es folgt auf die Promulgation sogleich die Dispositio. Dies ist namentlich durchgehende Regel bei Schenkungen aller Art (von Land R 16. 33. 34. 48. u. a. von Forstrechten R 168, von Marktgerechtsamen R 228, von Bergwerksgerechtigkeit R. 126, von Mancipien R. 177). Waren in solchen Urkunden Umstände zu erwähnen, die in die Narratio gehört hätten, so erzählte man sie in der Arenga (R. 155. 156. Verschwörung von Cremona) oder fügte sie in Relativsätzen in die Dispositio selbst ein (R 246. 255. Angaben über Rebellen in Chiavenna).

Früher war es wohl vorgekommen, dass man einzelne Angaben Grenzbestimmungen, Zeugenreihen und dgl., die nicht in die Urkunde selbst aufgenommen werden sollten oder konnten, auf einem besonderen Zettel aufzeichnete und diesen der Urkunde anheftete [1]). Das kommt jetzt nicht mehr vor. Ueberhaupt ist es Regel, dass hinter der Corroborationsformel, welche sich der Dispositio anschloss, keine verfügende oder erläuternde Bestimmung mehr nachfolgen dürfe. Eigentlich nur zwei Urkunden machen hiervon eine Ausnahme, die beiden Dienstrechte der Ministerialen von Weissenburg und Limburg (R. 134. 217) in denen beiden die Detailbestimmungen des Dienstrechtes zwischen Corroborationsformel und königlicher Unterschrift eingeschoben werden. Die Uebereinstimmung beider Dienstrechte in dieser Beziehung hält mich ab diese Bestimmungen etwa als spätere Zusätze anzusehen.

§. 12. Die Sprache der Diplome.

Die Sprache in den Urkunden Konrads II ist, wie die der meisten Schriftsteller seiner Zeit ausgebildet und fliessend. Man wandte das Latein mit Geläufigkeit an; »es hat sich eine eigene den Bedürfnissen und Zuständen der Zeit angemessene Ausdrucksweise gebildet, in der man sich mit Leichtigkeit bewegt« [2]). Von gröberen Verstössen in Bildung der Casus, Anwendung der Präpositionen, der Flexionsendungen u. s. w. ist diese Sprache im ganzen frei. Freilich vom klassischen Latein ist sie noch weit entfernt. Germanismen, wie notum sit, quod — notum esse volumus qualiter — per praesens praeceptum praecipimus — praecipimus ut nullus u. a. namentlich aber in der völlig willkürlichen Anwendung der Reflexivpronomina — z. B. so oft de nostro jure in suum jus transfundimus — kommen

---

1) Z. B. Urkunde Arnulfs d. d. 890 März 21. Böhm. Reg. Karol. Nro. 1079.
2) Wattenbach Geschichtsquellen 274.

zahlreich vor, und eine Menge neuer Wörter für neue Dinge sind in die Sprache aufgenommen (z. B. baunum, forestum mansus u. v. a.). Aber es ist doch ein ganz eigentümliches Leben das uns in dieser Ausdrucksweise des sogenannten Mittellatein entgegentritt. Wir haben nicht wie in der Kanzleisprache der Merovinger den öden Eindruck verwilderter Barbarei, sondern eher den eines kräftigen Aufschwunges: mit einem Worte, wir haben es mit einer Neubildung des Sprachgeistes zu tun.

Und dass diese Sprache selbst einer höheren Entwickelung, einer Art von künstlerischer Behandlung nicht unfähig war, das zeigen uns ja zahlreiche schriftstellerische Producte der Zeit. Freilich in der trockenen, an feststehende Formeln gebundenen Geshäftssprache der Kanzlei liess sich ein solches weitergehendes Bestreben schwer zum Ausdruck bringen, und doch ist es selbst hier nicht ganz zu vermissen. Ich rechne dahin das in manchen, wahrscheinlich von einem Dictator herrührenden, Urkunden unverkennbare Streben dem Ausdruck durch die Anwendung zweier oder dreier synonimen Worte für ein und denselben Begriff grössere Mannigfaltigkeit zu geben. Das tritt z. B. recht stark hervor in R. 189 in folgenden Wendungen: Inter quae etiam comitatum — eidem ecclesiae legitime *donavit tradidit delegavit*. Meginwercus imperatorum devotissimus *servitor* et *amator* — non *cessavit* non *quievit, supplicando serviendo*, quoadusque nos — comitatum sue ecclesie *reddidimus restituimus redonavimus. Precaventes* autem nos et *precogitantes*, ne aliqua *controversia* fieret et *discordia*. — Et hoc nostra parte ita est *compactum* sicque *definitum* est.

Unter Heinrich III geht dies Bestreben dann sogar soweit dass die Reimprosa, die in ganzen Capiteln bei Wipo hervortritt und in den annales Altahenses so unverkennbar vorherrscht, selbst in den Urkundenstil eindringt.[3]

---

[3] Vgl. St. Nro. 2161: -
Omnes aecclesiae filios operae pretium est laetari
dei servitium usquam terrarum amplificari. —
Ubi enim omnipotentis laudi aliquid contrahitur
Ibi adversariae potestati detrahitur. —

Bei all dieser Freiheit im sprachlichen Ausdruck gab
es aber nun doch für gewisse Begriffe einen feststehenden
Sprachgebrauch, dessen Kenntnis für die Kritik sowohl wie für
die Betrachtung staatsrechtlicher Verhältnisse sehr wichtig ist.
Auf diesen Sprachgebrauch werden die folgenden §§. eingehen.

§ 13. Amts- und Ehrentitel. Rangordnung der Grossen des Reiches.

Alle Angehörigen des Reiches standen im Untertanenverhältnis zu dem Könige, alle schulden ihm Treue und Gehorsam. Demgemäss bezeichnet die Kanzlei alle Angehörigen des Reichs, ohne Unterschied ihres Ranges oder ihrer Stellung, Geistliche wie Laien, als fideles des Königs. So heisst es in R. 27 interventu nostrorum fidelium, und nun folgen die Namen der Königin Gisla [1]), der Erzbischöfe von Mainz, Köln, Bremen, der Bischöfe von Augsburg und Verden, des Herzogs von Sachsen und zweier sächsischen Grafen. Ebenso werden als fideles bezeichnet, um noch einige Beipiele zu geben, der Patriarch Poppo von Aquileja (R. 125) der Erzbischof Aribert von Mailand (R. 53) die Bischöfe Urso von Padua (R. 89) und Johann von Verona (R. 153), der Abt Gerold von Werden (R. 181), die Kanzler Herimann und Kadeloh (R. 221. 232.), der Markgraf Adalbert v. der Ostmark (R. 212), der Graf Rambald von Treviso (R. 257), endlich auch Männer wie Dirsico, Swizla, Werner (R. 93. 116. 169) denen weiter kein Titel zusteht [2]).

Nobilis quidam Guntherius dives terrenarum rerum mundalia sponte
deseruit.
Ac sub potestatem deo digni Gotehardi abbatis altahensis monachicae conversationi se inseruit.
Et a predicto abbate accepta benedictione
consentiente regis Heinrici collaudatione —.
Heinrico itaque imperatore defuncto
Atque Chuonrado imperii regimine dei gratia functo —.
Ipso etiam beatae memoriae Chuonrado parente
nostro vita excedente.
Idem Guntherius pro meritorum probitate
amicabiliter usus est nostra familiaritate.

1) Auch in R. 88 heisst es Gisela imperatrix dilecta nostra fidelis;
aber die Urkunde ist schlecht überliefert.

2) Eine Steigerung des Begriffes der Treue giebt das Prädikat fidelissimus, dem wir in manchen Urkunden begegnen. So heissen z. B.

Stehen aber so alle Reichsangehörigen im Verhältniss zum Könige gleich, so besteht doch unter ihnen in ihrem Verhältniss zu einander eine bestimmte Rangabstufung, welche im Sprachgebrauche der Kanzlei einen festen und bestimmten Ausdruck findet. Wenn nämlich in einer Urkunde mehrere Personen neben einander genannt werden, so ist die Reihenfolge ihrer Aufzählung keineswegs zufällig, sondern vielmehr ein für allemal fest bestimmt. Der erste in dieser Reihenfolge ist der Papst, der allen übrigen Personen, auch der Kaiserin, vorangeht. (R 75. 81.) Den zweiten Platz in diesen, den ersten in allen übrigen Urkunden nimmt die Gemahlin des Kaisers Gisela ein, und zwar ohne Unterschied, ob die Urkunden vor ihrer und Konrads Kaiserkrönung (R 11. 33. 48) oder nach derselben ausgestellt sind (R 102. 111. 117). Auf Gisela folgt in allen Fällen Konrad's Sohn Heinrich, und zwar geht derselbe nicht nur nach seiner Königskrönung 1028 zu Aachen (R 161. 172. 185) sondern auch schon vor derselben, als er nur Herzog von Baiern war (R 101. 102), selbst geistlichen Würdenträgern voran.

Es folgen nun die Erzbischöfe, unter denen wieder der Erzbischof von Mainz allen übrigen vorangeht. (R 27. 75. 111. 132.) Der Erzbischof von Köln geht in R 27 denen von Magdeburg und Bremen, in R 224 dem von Salzburg voran. Keine so feste Reihenfolge bestand unter der nächsten Rangclasse, den Bischöfen; wenigstens ist aus unseren Urkunden kein Rangunterschied zwischen den einzelnen Bistümern zu entdecken. Beachtenswert ist nur, dass in R. 92. 263 deutsche Bischöfe den italiänischen vorangehen. Auch die niederen Geistlichen gehen in der Regel den weltlichen Grossen voran: in R 118 werden der Kanzler Oudalrich und zwei andere Cleriker vor mehreren Herzögen, in R 124 der Kanzler Bruno vor dem Herzoge von Kärnthen, in R 225 der Kanzler Herimann vor dem Markgrafen Boni-

---

Aribert v. Mailand (R. 53) 'Gebhard v. Ravenna (R. 200) Arderich v. Vercelli (R. 157) Azecho von Worms (R. 51. 52) Markgraf Bonifaz (R. 23.) Graf Ekkehard (R. 134).

faz genannt: in R 201 aber geht dem Abt von Stablo der Herzog von Lothringen voran.

Unter den weltlichen Grossen gehen, wie selbstverständlich, die Herzoge allen anderen vor. Die Markgrafen stehen vor den Grafen. (R 92.) Eine Ausnahme macht aber R 190. Hier gehen Pfalzgraf Ezzo, Markgraf Adalbert von der Ostmark und andere dem Herzog Heremann von Schwaben voran. Aber es scheint, dass dieser Urkunde, einer Bestätigung einer Schenkung Giselas aus ihrem Erbgute an Würzburg, das Traditionsinstrument Giselas als Vorlage gedient hat, und aus diesem wird auch die Zeugenliste mit übernommen sein.

Mit der so gefundenen Reihenfolge der Würden stimmt nun auch in der Regel in gut überlieferten Stücken die Formel überein, welche die Verletzung der kaiserlichen Anordnungen den einzelnen Grossen verbietet. Sie lautet gewöhnlich ut nullus archiepiscopus, episcopus, dux, marchio, comes, vicecomes u. s. w. (R 200. 254. 255.) Doch kommen hier auch Abweichungen vor, namentlich wird bisweilen der Herzog den Bischöfen vorangestellt. (R 60.)

Wie die Rangfolge der in den Urkunden genannten Würdenträger, so sind auch die ihnen beigelegten Titel und Ehrenprädikate durch den Sprachgebrauch der Kanzlei fest bestimmt. — Was zunächst die Gemahlin Konrads betrifft, so führt dieselbe vor ihrer Kaiserkrönung nur den Titel regina ohne weiteren Zusatz, ebenso wie sich Konrad bis dahin einfach rex nennt[1]). (R 7. 11. 31). Nachher heisst sie meist imperatrix augusta (R 133. 144. 175), oder auch einfach imperatrix (R 172. 198. 199). In R 63 erhält sie die Beiworte gloriosissima und praeexcellentissima[2]).

---

1) Auch schon in R 4 d. d. 1024 Sept. 11 also vor ihrer Krönung zur Königin heisst Gisela regina. Wenn Giesebrecht II 227 Note * hervorhebt, dass Kunigunde, die Gemahlin Heinrichs II, vor ihrer Krönung nie diesen Titel geführt habe, so sind dagegen doch in Betracht zu ziehen die Worte Adelbolds c. 12 SS. IV, 686, welche sich auf die Zeit vor dieser Krönung beziehen: (Cunigunda) nomine jam extans sed re cito regina futura.

2) Bisweilen wird Gisela auch als regnorum consors (R 21. 248) imperii consors (R 152) bezeichnet, ohne dass man aus diesem Titel

Heinrich III. wird, soviel ich finde, zuerst erwähnt in R 79³). Das Copialbuch von Paderborn legt ihm schon hier den Titel Rex bei, aber wie Stumpf zu dieser Urkunde richtig bemerkt, das Wort ist hineiuinterpoliert, wie die Vergleichung der bezüglichen Stelle der Vita Meinwerci lehrt. Auch in R 98. 100 vom 31. Mai resp. 7. Juui 1027 erscheint Heinrich ohne Titel. Nachdem dann in den letzten Tagen des Juni der Kaiser seinem Sohne das Herzogtum Bayern verliehen hatte, wird derselbe zuerst in R 101. 102 vom 5. Juli 1027 als dux bezeichnet. Am 14. April 1028 wurde Heinrich zu Aachen zum Könige gekrönt, in R 112 heisst es per interventum filii nostri Henrici regali imperio gratia dei nuper magnifice sublimati. In R 111 und vielen folgenden Urkunden wird Heinrich dann rex genannt, bis er seit seiner Krönung zum burgundischen Könige in R 260. 261 den Titel rex Burgundionum erhält. Daneben nennt Konrad seinen Sohn häufig dilectus filius noster, amantissima proles nostra u. s. w. Insbesondere aber giebt ihm die Kanzlei die Beiworte nobilissimus (R 101. 102. 199. 211) magnificus (R 189) und ähnliche.

Der officielle Titel des Papstes ist summus pontifex et universalis papa (R 75. 83.) oder summus praesul et universalis papa (R 81). Auch noster specialis pater Romanae sedis praesul (R 83) wird er einmal genannt. Frühere Päpste werden einfach als Pontifices Romani (R 83), Papa (R 167), domnus apostolicus (R 91) bezeichnet.

Der hohen Geistlichkeit kommt im allgemeinen das Prädicat „venerabilis" zu. Daher heisst es in R 130 tam venerabilium episcoporum quam reliquorum conspectui nostro assistentium procerum. Sowohl der Patriarch von Aquileja (R 127) wie die Erzbischöfe⁴) von Mainz (R 101) Köln (R 11) Trier (R 164) u. a. sowie auch sämmtliche Bischöfe führen diesen Titel⁵), der aber bisweilen auch weggelassen

---

mit Giesebrecht I 826 auf eine förmliche Mitregentschaft der Kaiserin schliessen darf.

3) Die Regesten Heinrichs bei Stumpf p. 176 sind unvollständig.

4) archiepiscopi — auch archipraesules, prothopraesules (R 11 105. 117).

5) z. B. Brixen (R 98) Paderborn (R 148) Osnabrück (R 117)

wird. Ob alle Aebte und Aebtissinnen in der Kanzlei als venerabiles gelten oder etwa nur eine bestimmte Zahl, vielleicht die Vorsteher der in R 123 so genannten regales abbatiae, wird sich kaum entscheiden lassen, da aus dem Fehlen des Ehrenprädicats bei einmaliger Erwähnung eines Abtes noch nicht geschlossen werden kann, dass derselbe keinen Anspruch darauf gehabt hätte.

Neben „venerabilis" kommt seltener auch das Beiwort „venerandus" vor und zwar meist für Erzbischöfe (Mainz R 117. 195., Köln R 204, Salzburg R 101) aber auch für die Bischöfe von Freising (R 3) und Minden (R 16) ⁶). Egilbert von Freising heisst auch einmal „reverendus" (R 130), und ebenso kommt einmal das Beiwort „reverentissimus" für Abt Richard von Fulda vor (R 167).

Die weltlichen Grossen werden unter den allgemeinen Bezeichnungen „proceres" (R 130) „optimates" (R 215) „primates" (R 166) zusammengefasst. Dagegen muss hier nachdrücklich hervorgehoben werden, dass der Ausdruck „principes" im Sinne von Reichsfürsten, wie wir ihn bei gleichzeitigen und wenig späteren Schriftstellern z. B. Wipo und dem Verfasser der Ann. Altah. so oft finden, der Reichskanzlei unter Konrad II noch völlig fremd ist ⁷). Zwar kommt princeps als Titel ebensowie principatus vor, aber nur in drei Urkunden für unteritalische Klöster (R 252. 253: 254) und mit ganz unzweifelhafter Bezugnahme auf die longobardischen Fürsten von Benevent, Capua u. a., die ja specifisch den Titel princeps führen. In anderen Urkunden aber, wie bemerkt, findet der Ausdruck sich gar nicht, und erst unter den folgenden Regierungen vermochte der Reichsfürstenstand als solcher sich die officielle Anerkennung der Kanzlei zu verschaffen.

In der Formel ut nullus etc. werden unter den welt-

Würzburg (R 35) Verdun (R 17) Worms (R 194) Freisingen (R 187) Augsburg (R 131) Basel (R 126) Verdun (R 113) Chur (R 218) Cremona R 139) Modena (R 63) Luni (R 78) Lucca (R 81) Como. Parma (R 94) u. a. m.

6) Auch Gisila wird von Heinrich III im Or. St. No. 2173 einmal „veneranda" genannt.

7) Ausgenommen ist nur eine falsche Urkunde für Lüttich R 267.

lichen Grossen immer die drei Abstufungen dux marchio comes unterschieden. Der princeps wird zwischen dux und marchio (R· 253), oder zwischen marchio und comes (R 254) eingeschoben. Auf den comes folgt häufig der vicecomes (R 31. 202. 256). Der comes palatinus, den die Kanzlei wohl kennt (R 122. 190), hat in dieser Aufzählung keine besondere Stelle, er wird zu den comites gerechnet sein.

Ehrenprädicate, ausser dem allgemeinen fidelis, werden diesen weltlichen Grossen in der Regel nicht gegeben. Es heisst einfach Heinricus dux Bavariae (R 28) Sigifridus palatinus comes (R 122) Herimannus marchio (R 169) Arnoldus comes (R 33). Nur ganz vereinzelt heissen Markgraf Herimann und Markgraf Hugo „inclytus" (R 116 28) Markgraf Manfred in interpolierter Urkunde R 245 »eximius« und wird der schon verstorbene Herzog Ruodolf als „nobilissimus" bezeichnet (R 1. 85)⁷). Das Prädicat illuster, in späterer Zeit in technischem Gebrauch für die Reichsfürsten, kommt nicht vor; nur einmal heisst in dem überarbeiteten R 245 die Gräfin Bertha „illustris comitissa."

Von Unterbeamten werden besonders häufig der sculdasio und der gastaldio erwähnt, weiter aber auch der decanus (R 64. 152) exactor (R 60. 231. 244.) advocatus (R 202) actionarius (R 90) saltarius (R 262) und in R 200 für Ravenna auch consul proconsul. Alle diese Beamten sind „publice functionis ministri" und gehören zu den „rei publicae procuratores inferioris ordinis" (R 63), während zu den „rei publicae procuratores superioris ordinis" wohl die höheren Beamten, einschliesslich der Grafen, gerechnet sein werden.

§. 14. Titel der Vorfahren. Regnum. Imperium. Prädicate des Kaisers und ähnliches.

Häufig genug war in den Urkunden Gelegenheit früherer Kaiser Erwähnung zu tun. Sie erhalten dann dieselben Prädicate, welche der Kaiser sich selbst beilegt. So wird also gesprochen von clarissimi reges et imperatores (R 94) imperatores augusti (R 49) serenissimi (R 59) u. s. w. Ins-

---

7) „nominatissimus" heisst in R 165 Oudalschalch, Vogt der Freisinger Kirche.

besondere aber werden Otto III. und Heinrich II. hervorgehoben, unter denen Konrad selbst noch gelebt hat. So heisst es (R 36) per reges et imperatores Pippinum Karolum et postea divae memoriae seniorem et antecessorem nostrum tertium videlicet Ottonem et Henricum imperatorem augustum. In demselben Sinne, wie hier divae memoriae angewandt ist, wird divus progenitor (R 118) gebraucht. Auch piae memoriae (R 11) beatae memoriae (R 189) und ähnliches kommt vor. Wird im Contexte Konrad erwähnt, so werden Ausdrücke wie nostra excellentia (R 18) nostra majestas (R 31) nostra celsitudo (R 281) nostra pietas (R 60) nostra clementia (R 257) nostra serenitas (R 166) nostra munificentia (R 107) und ähnliche gebraucht. Der Pluralis majestatis wird durchgängig angewendet, die wenigen Ausnahmen die vorkommen sind immer besonders motiviert. Wenn z. B. R 187 vom Kaiser und seinem Sohne unterfertigt und dieser Umstand ausdrücklich hervorgehoben werden sollte, so war es unvermeidlich in der Corroborationsformel die Einzahl anzuwenden. Dieselbe lautet daher „ambo nos, ego idemque filius meus dilectus rex — ego ipso humiliter interveniente, ille me consentiente atque jubente etc. Ganz derselbe Grund zur Anwendung des Singulars lag auch in dem gleichfalls von Heinrich mit unterzeichneten Stücke R 188 vor. In R 267 dagegen ist die Einzahl ganz unmotiviert: die Urkunde ist aber auch falsch.

Wenn auch Konrad vor seiner Kaiserkrönung in echten Urkunden sich. nie imperator, nachher nie mehr rex nennt, so sind doch die davon abgeleiteten Worte regnum imperium, regalis imperialis keineswegs so streng geschieden. Wenige Beispiele werden genügen um dies zu zeigen. Oben schon ist die Stelle angeführt, wo es von Heinrich III. heisst, er sei „regali imperio sublimatus" (R 112), und ähnlich stehen in R 50 per regalem investituram et imperiale praeceptum neben einander, wird in der nach der Kaiserkrönung ausgestellten Urkunde R 203 von res regni nostri, in der vorher ausgefertigten R 20 von nostri imperii magna vel parva persona gesprochen, in R 237 endlich bald nostrum regnum, bald imperium gesagt. Man sieht also: es ist hier ein Unterschied nicht durchzuführen.

Es würde zuweit führen, wollte ich hier alle feststehenden Ausdrücke der Urkundensprache in ähnlicher Weise behandeln, obgleich sich z. B. über den Gebrauch von metropolis civitas urbs villa — über die Anwendung von ducatus provincia marchia comitatus pagus territorium, über die verschiedenen technischen Ausdrücke für die Arten der Hörigkeit u. dgl. m. aus den Urkunden manche interessante Bemerkung beibringen liesse.

§. 15. Poena.

Um dem in der dispositio ausgesprochenen Befehle die Vollziehung zu sichern, folgt nun in vielen Urkunden eine Strafandrohung für den Uebertreter desselben [1]. Diese Strafandrohung kann doppelter Art sein [2]: einmal die Drohung mit ewiger Verdammnis und geistlichen Strafen (poena spiritualis), sodann die Drohung mit weltlichen, insbesondere Geldstrafen. Betrachten wir zunächst letztere.

Wir beginnen hier mit den italiänischen Diplomen. Seit Lothars Zeit war es üblich gewesen, den italiänischen Urkunden Androhungen von Geldstrafen für den Verletzer hinzuzufügen. Die Strafsumme war anfangs in Goldmancusen, später in Pfunden Goldes [3] festgesetzt, während Strafansätze in Silber nur vereinzelt vorkommen. Ficker hat mit Recht hervorgehoben, dass der Ansatz von 100 Pfund Goldes der normale zu sein scheint, und die Mehrzahl der Urkunden hat in der Tat diese Summe (z. B. R 53. 56. 60. 63. 70. 71. 81. 89. 90. 91. u. a.), aber fast ebenso häufig kommt

---

1) Vgl. Sickel I 100 ff. Stumpf I 116 ff. Ficker Forsch. I 62 ff.
2) Vgl. Alberic. Cassin. Rockinger I 38: In fine vero praecepti illud erit locandum, ut quicunque contra illius praecepti decretionem fecerit mille auri optimi libras vel quodlibet aliud pretium quod instituerit imperator se persoluturum cognoscat etc. id. p. 87. von Bullen: anathema sit in fine epistole. Ars dict. aurel. 112 Deinde subponatur pena pecuniaria. Sächs. summ. dict. pros. I 119. In privilegiis pape spiritualis pena ponitur — imperatoris privilegia quia dantur super temporalibus et terrenis, temporalis et materialis pena solet componi.
3) und zwar reinen Goldes auri purissimi, probati, cocti, optimi obrici (vgl. Ducange III 683), u. s. w.

auch der Satz von 1000 Pfund Goldes vor. (z. B. R 55. 58. 59. 61. 64. 66. 94. u. a.). Dabei ist ein Grund für die Verschiedenheit der Strafsummen durchaus nicht zu entdecken. Eine Bestätigungsurkunde behielt in der Regel den Ansatz ihrer Vorlage bei[4]); bisweilen aber wich man auch von demselben ab. So in dem bereits öfter erwähnten R 64, wo gemäss einer Erweiterung des Inhalts auch die Strafsumme von 100 auf 1000 Pfund erhöht wurde. Uebrigens aber haben Urkunden ganz derselben Kategorie bald ersteren, bald letzteren Ansatz.

Neben diesen beiden Normalsummen finden sich nun aber noch zahlreiche andere. 20 Pfund Gold hat z. B. das Or. R 255, eine Güterschenkung für Chur[5]); 30 Pfund Gold hat R 87 (Or.) eine Güter- und Immunitätsbestätigung für Bergamo[6]), 50 Pfund R 96 die Bestätigung eines Placitums über ein halbes Schloss für Leno, R 83 eine Güterbestätigung und Mundeburdsverleihung für S. Pietro di Perugia und R 155 eine Schenkung für Cremona — 200 Pfund haben R 57. 247 — 500 Pfund R 95 und das allerdings nicht sehr zuverlässige R 65. Dagegen kommen höhere Summen als 1000 Pfund nicht vor, und wenn R 282 die ungeheure Summe von 10000 Pfund Goldes ansetzt, so ist das nur ein Beweis mehr für die ungeschickte Fälschung dieses Diploms. Wohl aber finden sich viele Urkunden ganz ohne Strafandrohung (z. B. R 145. 246 beide Or.) und vereinzelt, wie bemerkt, Strafansätze in Silber (R 88 50 Pfund, R 242. 243 100 Pfund Silber).

Durchaus Regel ist nun, dass die Strafsumme zur Hälfte dem Verletzten, zur Hälfte der königlichen Kammer zu zahlen ist, was Ficker auf eine Eigentümlichkeit des longobardischen Rechtes zurückgeführt hat. Nur sehr selten findet sich eine Abweichung hiervon; so, wenn in R 88, das ja auch schon durch den Ansatz in Silber eine Ausnahme

---

4) in R 94 wird dies ausdrücklich gesagt.
5) während z. B. bei der Bestätigung eines einzigen Hofes für Bergamo (R 59) der Satz von 1000 Pfund vorkommt.
6) Bemerkenswert ist dabei, dass diese 30 Pfund Gold ausdrücklich als immunitatis poena bezeichnet werden.

bildet, der König sich die ganze Strafsumme vorbehält, oder in R 83, einer unter päpstlicher Intervention ausgestellten Bestätigung für S. Pietro di Perugia die Teilung der Strafsumme zwischen dem verletzten Teile und der päpstlichen Kammer bestimmt[7], wenn endlich in R 87 nicht gesagt wird, an wen die Zahlung gerichtet werden sollte und wahrscheinlich das Ganze dem Verletzten bestimmt war.

Gehört auch die rechtliche Begründung dieser Strafbestimmungen nicht in das Gebiet der Diplomatik, so mag doch gegenüber den Ausführungen Fickers[8], der sie auf den Königsbann zurückführt, hervorgehoben werden, dass, während Ausdrücke wie poena, multa, compositio für diese Strafe angewendet werden, das Wort „bannum" dafür in Urkunden Konrads II nicht vorkommt.

Bedeutend seltener ist die Androhung von Geldstrafen in deutschen Urkunden. Ficker[9] unterscheidet hier richtig von einander:

1. die Erwähnung der allgemein und ein für allemal auf Verletzung des Königsbannes stehenden Strafe, welche auf die karolingische Reichsgesetzgebung zurückgeht, und
2. die Sicherung des einzelnen königlichen Befehls durch eine Kraft königlicher Machtvollkommenheit für den Einzelfall besonders festgestellte Geldstrafe.

Die erstere Erwähnung ist nur selten: so wenn dem Verletzer von Forstrechten des Bistums Minden, oder von Zoll-, Münz- und Marktrecht des Bistums Wirzburg gedroht wird, er solle summam banni nostri zahlen (R 121. 146), oder wenn es bei Verleihung von Marktrechten für Donauwörth heisst, der Verletzer tale bannum sciat se compositurum quale componeret si illud mercatum Ratisbonae aut Augustae inquietaret (R 138)[10]. Gleichfalls wird es hierhin

---
7) Si quis autem hujus nostri praecepti temerarius violator extiterit, sciat se quinquaginta libras auri purissimi poena multandum medietatem Lateranensi palatio et medietatem eidem monasterio et abbati qui pro tempore fuerit.
8) a. a. O. p. 66 ff.
9) a. a. O. p. 74 ff.
10) Vergl. hierüber besonders Fischer a. a. O. 75.

gehören, wenn Konrad eine Schenkung für Heiligenkreuz „banni nostri edicto" bestätigt (R 112), oder wenn er bei zwei Marktrechts-Verleihungen an Bremen-Hamburg beide Male dem Erzbischof „bannum suum" überträgt (R 214. 260). Auch die für den Einzelfall festgestellte Strafe ist nicht eben häufig. Die vorkommenden Fälle sind:

R 35. 100 Pfund Goldes bei einer Schenkung an Würzburg.
R 41. 10 „ „ bei Bestimmung der Rechte Speierscher Censualen.
R 98. 1000 „ „ bei Schenkung einer Grafschaft an Trient.
R 117. 100 „ „ bei Bestätigung der Güter und Rechte von Osnabrück.
R 168. 10 „ „ bei Verleihung von Forstrechten an Würzburg.
R 189. 1000 „ „ bei Schenkung an Paderborn.
R 190. 100 „ „ bei Schenkung an Würzburg.

In allen diesen Fällen wird nun die den italiänischen Ursprung des Brauches anzeigende Teilung der Strafsumme zwischen dem Verletzten und dem Fiscus bestimmt; während die Strafandrohungen erster Kategorie sich stets dadurch kennzeichnen, dass in ihnen die ganze Summe dem Verletzten zugesprochen wird.

Die Formeln für solche Strafandrohungen sind sehr mannigfach. Eine sehr einfache ist z. B. in R 53: Si quis quod absit, nefario ausu hoc nostre confirmationis praeceptum violaverit, centum libros auri optimi se compositurum esse procul dubio cognoscat, medietatem kamare nostre, medietatem abbatie. Eine sehr lange Formel dagegen hat z. B. R 94.

Trotz dieser Strafandrohungen blieben jedoch die kaiserlichen Anordnungen bisweilen wirkungslos. So liess z. B. Gariard, der Neffe Ariberts von Mailand, wiederholte kaiserliche Befehle dem Bischof von Cremona die ihm geraubten Güter zu erstatten unbeachtet. (St. Nro. 2521). Für die wirkliche Vollziehung der kaiserlichen Strafdrohung ist das älteste Beispiel die von Heinrich V. 1114 erlassene Urkunde

(St. Nro. 3105 2. Bearb. Nro. 3108) welche schon Sickel anführt [11]).

Nur vereinzelt begegnet in den Urkunden Konrads die Drohung mit geistlichen Strafen. Ficker lässt diesen Brauch in Deutschland entstehen, wie mir scheint ohne genügende Gründe. Von den 7 Urkunden Konrads, die eine derartige Drohung haben, gehören 4 der italiänischen Kanzlei an (R 66. 67. 84. 91) und nur drei der deutschen (R 167. 189. 194). Eine derartige Formel ist aber immer nur Ausnahme. In R 167 Et quisquis huic nostrae praeceptioni reniti temptaverit apostolicam quae in privilegio Zachariae expressa est experiatur sententiam erklärt sich diese Formel aus der Mitvorlegung der Bulle des Papstes Zacharias (Jaffé Nro. 1756). Ebenso wird wohl bei R 91, wo es heisst apostolicae maledictioni subjaceat auf die darin erwähnte Bulle Papst Benedicts'Bezug genommen sein. Bei R 194, einer Stiftung Konrads für das Seelenheil aller seiner namentlich aufgezählten Verwandten, wird wohl der Wunsch, dieselbe besonders feierlich zu machen, Veranlassung zur Hinzufügung der Formel gewesen sein. R 66 endlich übernahm die Formel einfach aus der Vorlage; Heinrich II., Arduin, Otto III. Otto II. hatten sie schon angewandt. Ein besonderer Grund für ihren Gebrauch ist weder hier noch in den drei anderen Fällen mir bekannt

§. 16. Andere Bekräftigungsmittel.

Eine andere Massregel zur Sicherung der urkundlichen Verfügung war, dass der Kaiser im Voraus alle späteren Acte, die dem seinigen zuwiderlaufen würden, für nichtig erklärte. So heisst es in R. 209 nach der Poenformel: Immo vero quod auferre contra nostra statuta voluerit et si quolibet [1]) inde munimen habuerit, nullas vires nullumque vigorem habere constabit.

In deutschen Privaturkunden war es schon seit längerer Zeit üblich, zur weiteren Bekräftigung der urkundlich auf-

---

11) Andere Beispiele s. bei Ficker I 64. Nro. 4. (von 1189. 1232.) Vgl. auch noch aus dem Jahre 1309 eine Urkunde bei Ficker Wiener Sitzungsber. 14, 207.

1) lies quodlibet.

gezeichneten Acte die Zeugen in der Urkunde selbst aufzuzeichnen, deren Aussage vor Gericht eventuell die Urkunde vor dem Verdacht der Fälschung schützen konnte. In Kaiserurkunden fand dieser Brauch nur langsam und spät Eingang [2]). Wenn es in R. 190 heisst Hi etiam quorum hic nomina in testimonium subscripta sunt traditionem eandem presentes et viderunt et audierunt. Otto Chuono u. s. w. so ist diese Zeugenliste wahrscheinlich aus der von Gisela über die Schenkung ausgestellten, hier zu Grunde liegenden Privaturkunde übernommen. Dagegen liegt der erste unantastbare Fall einer wirklichen Zeugenunterfertigung im späteren Sinne im Or. R. 118 für Paderborn vor. Hier heisst es nach der Corroborationsformel TESTES und es folgen dann streng nach der Reihenfolge geordnet die Namen von 7 geistlichen und 16 weltlichen Zeugen. Stumpf's Zweifel ob die Zeugenunterschrift nicht etwa später hinzugefügt sei, beseitigt eine gütige Mitteilung von R. Wilmans in Münster, der das Or. auf meine Bitte untersucht hat und mir darüber schrieb: „Vielmehr ergiebt eine genaue Untersuchung des Diploms, dass der ganze Context der Urkunde von In nomine bis Gebo, womit die Zeugenreihe schliesst, von einer Hand geschrieben ist."

§. 17. Beglaubigung durch Unterschrift und Siegel. Corroborationsformel.

Gebräuchlicher als diese Mittel zur Sicherung des königlichen Befehls und zur Beglaubigung der Urkunde war die eigenhändige Unterfertigung der Urkunde durch den Kaiser und ihre Besiegelung, die auf seinen Befehl erfolgte. Der Regel nach wurden nur Urkunden, die aus der Kanzlei Konrads hervorgegangen waren, mit seinem Siegel versehen; Fälle der Bestätigung früherer Urkunden durch einfaches Aufdrücken des kaiserlichen Siegels sind mir nicht bekannt. Wohl aber ist eine Urkunde erhalten [1]), welche, vom Bischof

---

2) Vgl. darüber Sickel I, 103. In St. 1609 sind die 5 Namen, die sich nach recognovit finden, wohl später hinzugefügt.
1) Or. im Domstiftsarch. im Naumburg. Die Identität des Siegels mit dem Konrads ist zweifellos. Ediert ist die Urkunde bei Lepsius, Gesch. der Bischöfe v. Naumburg I 98.

Kadeloh von Naumburg ausgestellt, zu mehrerer Beglaubigung mit dem kaiserlichen Siegel versehen worden ist.

Unterschrift und Siegel werden, wo sie angewandt werden, immer in einer besonderen, — der Corroborationsformel, am Schlusse des Contextes angekündigt ²). Und die Beglaubigung durch Besiegelung hat, wie es scheint in keiner Urkunde Konrads ursprünglich gefehlt. Es war das einfachste und, wie man meinte, sicherste Mittel, einer Urkunde Glaubwürdigkeit zu verschaffen. Auch mit der kaiserlichen Unterfertigung waren bei weitem die meisten Urkunden versehen. Nur drei machen eine Ausnahme. Zunächst R. 72, die Beurkundung einer Freilassung durch excussio denarii. In der Corroborationsformel wird hier die königliche Unterschrift nicht erwähnt, und ebenso wie in den Urkunden ganz gleichen Inhalts St. Nro. 11 und Nro. 2390 hat sie auch in unserer Urkunde im Or. gefehlt. Sodann fehlen in R. 83 278, zwei Mundeburds-Briefen, die beide wie es scheint nach dem Or. ediert sind, sowohl die Ankündigung der Unterschrift, wie diese selbst. Auch R. 88, eine Schenkung, würde hierher gehören, wenn es, wie der Herausgeber anzunehmen scheint, wir aber zu bezweifeln Grund haben, wirklich nach dem Or. gedruckt ist.

Mit Ausnahme dieser wenigen Fälle, waren aber alle Urkunden unterfertigt und untersiegelt, beide Acte also in der Corroborationsformel angekündigt. Diese Formel besteht nun immer aus zwei Teilen, deren ersterer die Anwendung von Monogramm und Siegel motiviert, letzterer sie ankündigt Die Stilisierung der Formel ist im ganzen sehr frei. Für den ersten Satz sind namentlich üblich: Et ut haec nostrae

---

2) Nur eins von allen Orr. erwähnt die königliche Unterschrift, die es doch aufweist, nicht vorher (R. 184). In Copieen kommt es dagegen oft vor, dass entweder die Ankündigung von Signum und Siegel oder die Unterschrift selbst oder auch beides weggelassen wurde, ohne dass man daraus auf die ursprüngliche Gestalt der Urkunde schliessen könnte. Das Wormser Chartular (saec. XII ex.) auf der Bibliothek zu Hannover, sonst so genau, lässt z. B. immer die Signumzeile fort (R. 51. 52. 194) In dem in Abschrift saec. XII erhaltenen R. 204 hatte man ursprünglich sowohl. Ankündigung des Signums, wie dieses selbst weggelassen. Nichtsdestoweniger war beides vorhanden, eine andere Hand saec. XII fügte am Ende der Urkunde Signumzeile und Monogramm hinzu.

traditionis (donationis etc.) auctoritas stabilis et inconvulsa omni tempore (omni aevo) perseveret (permaneat) (R. 116. 148. 169. 212. 226 u. a.), oder: et ut haec appareant vera semperque permaneant ruta (R. 17) oder: quod ut verius credatur diligentiusque ab omnibus observetur (R. 35. 53. 66. 140 u. a.). Auch hiervon ganz abweichende Formeln kommen vor. (R. 130). Bei einer so grossen Varietät der Formeln ist es schwer den einen oder den anderen Ausdruck als unkanzleimässig zu bezeichnen. Gegen prepes, das sonst nicht vorkommt und seiner Bedeutung nach hier gar nicht passt, nach Lepsius aber in der Corroborationsformel von R. 147 stehen sollte, hatte ich Bedenken, bis ich mich überzeugt habe, dass im Or. nicht so, sondern perpes steht, was ganz gut passt und durch perpetim in R. 118 gestützt wird.

Der zweite Teil der Formel enthält nur die Ankündigung des Siegels und der Unterschrift. Auch hier herrscht grosse Freiheit im Ausdruck. Es sind hauptsächlich drei Bezeichnungen die hier in Betracht kommen: der Ausdruck für Urkunde, der für Besiegelung und der für das Vollziehen der Unterschrift.

Die technische Bezeichnung für die Urkunden[3]) der Kaiser und Könige ist nach Alberich von Montecassino „praeceptum"[4]) während „privilegium" im strengen Sinne des Wortes nur die Bullen der Päpste bezeichnet[5]). Der Sprachgebrauch der Kanzlei kennt auch dieselbe Verschiedenheit des Ausdruckes; in R 242. 243 heisst es „quam per nostrum praeceptum et apostolicum privilegium usque nunc visus est habere"[6]). Ebenso werden nach der anderen Seite

---

3) Ich ziehe auch die Ausdrücke für Urkunde mit hierher, die in anderen Teilen, als der Corrobor. formel vorkommen.

4) Precepta vel mundiburdia magnarum et secularium potestatum solummodo, proprie autem regum et imperatorum sunt. Rockinger I. 88.

5) Privilegia summorum sunt ecclesie cujuslibet concessiones pontificum. Rockinger I 37. Die ars dict. Aurelian. saec. XII Rockinger I. 111 sagt aber schon: Privilegium est apostolica vel inperialis sanctio ratione firmata.

6) In R 91 steht ebenso privilegium für eine Bulle Benedicts, wie in R 167 für eine solche des Papstes Zacharias.

hin in R 253 die „praecepta regum atque imperatorum" von den „legales scriptiones ceterorum fidelium" unterschieden. Aber nicht immer hielt sich die Kanzlei so streng an diese Unterscheidung, wie es der Dictator von Montecassino vorschrieb: in R 20. 49. 198. wird privilegium auch von Kaiserurkunden gebraucht, und umgekehrt steht in R 244 praeceptum in weiterer Bedeutung: „confirmamus omnia praecepta quae ab antecessoribus nostris et ceteris hominibus concessa sunt." — In demselben Sinne wie praeceptum sind auch praeceptio (R 232) und das sehr häufig, fast in jeder Urkunde vorkommende auctoritas gebraucht. Ebenso häufig sind karta (R 116. 225) und pagina (R 36. 249): seltener dagegen apices (R 63. 87) und edictum, das eigentlich eine eigene Art von Urkunden bezeichnet, aber auch von eigentlichen Praecepten vorkommt (R 78. 209). Das in der Merovingerzeit häufige, unter Ludwig d. Fr. noch vereinzelt vorkommende oraculum ist nun ganz veraltet und völlig ausser Gebrauch. Titulus, libellus, cartula, instrumentum kommen in Urkunden Konrads zwar vor, aber soviel ich finde, nur für solche Actenstücke, die nicht aus der kaiserlichen Kanzlei stammen z. B. R 244. 262. Chirographum endlich kenne ich nur aus dem jedenfalls nicht in der Kanzlei geschriebenen R 103.

Sehr häufig sind Verbindungen, wie praecepti, praeceptalis pagina (R 31. 136) praecepti edictum (R 78. 209) auctoritatis apices (R 63) u. a. Dann kommen Zusätze vor, wie nostre dominationis pagina, (R 17. 215) regie magnitudinis nostrae preceptum (R 22) u. a. Endlich werden nach ihrem Inhalt den Urkunden alle möglichen Bezeichnungen beigelegt: donatio, traditio concessio, immunitas, mundeburdium, restauratio, confirmatio, corroboratio, constitutio u. a.[7]). — Eine Urkunde schreiben heisst sehr häufig

---

7) Ueber alle für Urkunden vorkommenden Bezeichnungen vgl. Sickel I 1 ff. 184 ff. Gegen p. 2. Note 3, wo S. läugnet, dass „Urkund" schon im 14. Jh. gleichbedeutend gewesen sei mit carta, „Brieff" führe ich nur an „orkundia" in Dipl. von 1309 bei Ficker Wiener Sitzungsberichte 14, 207.

paginam scribere, conscribere, inscribere; auch paginam componere wird gesagt. (R 105.) Der Ausdruck für Unterschrift ist manu propria (propria manu, manu nostra — mit oder ohne imperiali) firmare (confirmare corroborare roborare — auch consignare R 112 und signum facere R 175). Sehr gewöhnlich ist hier die Participialconstruction: Hanc paginam inde conscriptam manu propria roborantes (R 116. 148. 169. 226) oder passivisch manu propria roboratam (R 118. 211. 228). Häufig wird noch durch die Worte (roboravimus) ut infra videtur auf das Monogramm selbst ausdrücklich hingewiesen. (R 17. 66. 100. 145). Bei allen Variationen giebt es aber auch hier Grenzen des kanzleimässigen Ausdrucks; „caractere nostri nominis condecorari," wie es in R 270 heisst verrät entschieden späteren Ursprung. Auch den Plural, „manibus nostris" der viermal vorkommt (R 52. 81. 231. 157), halte ich nicht für ursprünglich. Der Kaiser machte das Zeichen doch nur mit einer Hand, und zum Plural war kein Grund. Alle vier Urkunden sind übrigens nur Copieen, sämmtliche Originale haben den Singular, und die Mehrzahl wird von den Abschreibern stammen.

Während die Unterschrift vom Könige selbst vollzogen wird, wird die Besiegelung von ihm nur anbefohlen. Es heisst daher: jussimus (praecepimus selten z. B. R 261) sigilli nostri impressione insigniri[8]) (R 116. 169. 181) oder assignari (R 35) sigillari (R 164). Vereinzelt kommen auch erweiterte Formeln vor: nostrae imaginis sigillo imprimi jussimus, (R 64. 107.) sigilli nostri nominis (R 90), impressione sigilli nostri nostrae imaginis figuram continentis (R 53) u. a. Auch anuli nostri impressione kommt noch einzeln vor (R 19. 63. 141. 173). aber immer nur in Bestätigungen, wo es durch Nachlässigkeit aus der Vorlage beibehalten ist.

Sigillum bezeichnet hier nicht bloss das gewöhnliche Wachssiegel, sondern auch in R 123. 187. 189. 254, die mit

---

8) insignimus in R 105 ist ohne Zweifel verschrieben, aber wohl nicht, wie der Herausgeber meint, für insignivimus, sondern für insigni[ri jussi]mus.

Metallbullen versehen waren, steht sigilli impressione. Allerdings wird dies auch ausgedrückt durch bullae nostrae impressione (R 198). Ausserdem kommt der Ausdruck bulla in R. 95. 125 vor, ohne dass wir wissen, ob das Siegel von Metall war. R. 248 hat ein Metallsiegel, aber im Druck ist die Corroborationszeile weggelassen.

2. Das Protokoll.

§. 18. Crismon und Invocation.

Von den bisher besprochenen Teilen des Urkunden-Contextes unterscheiden sich die in der Folge zu behandelnden des Protokolls einmal äusserlich durch den Charakter ihrer Schrift, sodann aber auch innerlich dadurch, dass sie nicht ein für allemal feststehen, sondern für jeden Fürsten, ja für jede Epoche jedes Fürsten verschieden sind, d. h. wenn eine Urkunde Konrads in ihrem Context wörtlich mit einer solchen Heinrichs II übereinstimmen kann, so ist das im Protokoll unmöglich.

Gerade der hier zunächst zu besprechende Teil bildet nun eine Art von Uebergang zwischen Context und Protokoll. Während man ihn inhaltlich allenfalls zu ersterem rechnen könnte, charakterisiert ihn die verlängerte Schrift entschieden als Teil des letzteren.

Schon mit dem Ausgange des 4. Jahrhunderts war es Sitte aller christlichen Völker alle Urkunden und Verträge mit einer Anrufung Gottes zu beginnen [1]). Diese Anrufung konnte auf zwei Arten geschehen, einmal mit ausdrücklichen Worten, wie in nomine dei u. dgl. (Verbalinvocation), sodann aber durch ein Kreuz oder irgend ein anderes symbolisches Zeichen (monogrammatische Invocation. Crismon). Bis in den Anfang des 9. Jahrhunderts war nur die letztere in Gebrauch, erst in Kaiserurkunden Karls des Grossen kam auch die verbale Invocation auf, und es wurde in der Folge diese bald allein, bald zusammen mit dem Crismon gebraucht.

---

1) Vgl. Sickel I 210.

Das Crismon ist in den Urkunden Konrads II ein durchaus feststehendes Zeichen[2]), dessen symbolische Bedeutung kaum mehr verstanden wurde. Ueber seinen Gebrauch abschliessend zu handeln, ist aber einigermassen schwierig, da nicht alle Drucke das Crismon wiederzugeben für nötig finden. Es haben nun das Crismon sicher:
1. Die 13 Or. Praecepte der Archive zu Berlin, Hannover, Naumburg und Dresden, welche ich selbst gesehen habe.
2. Die 25 Praecepte, welche Mon. Boic. XXIX^a abgedruckt sind.
3. Die 4 Praecepte No. R 24. 25. 184. 212 nach den Facsimiles im Chron. Gottwic., bei Schannal Vind. dipl., und Mon. Boic XXII Tab. 1.
4. Die 12 Praecepte der Archive zu Münster und Fischbeck, welche Erhardt abgedruckt hat.
5. Die 6 Praecepte R 104. 115. 123. 135. 215. 226 nach den Abdrücken bei Heinemann, Stumpf, Lacomblet und Förstemann.
6. Das 1 Original R 1 nach Jaffé's Mittheilung.
7. Die 2 Originale des Archivs zu Karlsruhe nach Dr. Sterns Mitteilung.

Von 63 Originalen deutscher Kanzlei steht es also fest, dass sie ein Crismon haben. Bei den übrigen 10 Originalen R 30. 39. 50. 98. 105. 111. 122. 129. 173. 218 entbehren wir jeder Kunde über das Crismon. Nur bei R 280 fehlt es sicher (denn Lacomblet bezeichnet ein vorhandenes Crismon immer), und diese Urkunde lässt sich auch aus anderen Gründen als gefälscht erweisen. Jedenfalls aber ist es unter solchen Umständen wahrscheinlich, dass alle Original-Praecepte deutscher Kanzlei mit dem Crismon versehen wurden. Nur die charta denarialis R 72, welche überhaupt in minder feierlicher Form ausgestellt wurde, mag vielleicht von vorn herein kein Crismon gehabt haben. Dasselbe fehlt auch in der im Original vorhandenen ganz ähnlichen Urkunde Heinrichs III. St. No. 2390, während Heinrichs I. charta denarialis St. No 11 das Crismon hat.

---

2) Vgl. §. 34, wo über seine Gestalt gesprochen wird.

Bei den italiänischen Urkunden steht es um unsere Kenntnis von dem Crismon noch schlimmer. Bemerken will ich nur, dass R 180, die einzige Urkunde, von der ich bestimmt weiss, dass ihr das Crismon fehlt, der Unechtheit sehr verdächtig ist. Sicherer können wir über die Verbalinoccation urteilen. Dieselbe lautet in allen Originalen deutscher Kanzlei ohne Ausnahme: In nomine sanctae et individuae Trinitatis[3]), und auch die Copieen bieten keine andere Formel dar, nur dass Abschreiber und Herausgeber bisweilen die ganze Invocation fortgelassen haben[4]). Auch in der italiänischen Kanzlei ist diese Formel die bei weitem vorherrschende. Aber hier zeigt sich schon, was wir noch mehrfach bemerken werden, dass die italiänische Kanzlei im Formelwesen weit freier und weniger streng ist, als die deutsche. Invocationen wie In nomine omnipotentis dei (R 58. 64. 136. 200. 209) In nomine aeterni dei (R 137. 220) In nomine domini dei aeterni (R 60. 96) In nomine domini nostri Jesu Christi (R 63) In nomine summi et aeterni dei (R 108) und In nomine domini quod est super omne nomen (R 80) finden sich hier, und ich glaube mich nicht berechtigt, eine dieser Formeln als unkanzleimässig zu bezeichnen.

§. 19. Name und Titel.

Die Orthographie des königlichen Namens ist nicht ganz feststehend, selbst nicht für die Anfangszeile der Diplome. In der überwiegenden Mehrzahl aller Or. Diplome italiänischer wie deutscher Kanzlei wird zwar in dieser Eingangszeile, dem sogenannten Prologus[1]), Chuonradus geschrieben[2]), aber es kommen doch auch hier Abweichungen davon vor. So hat R 1 im Or. Chunoradus, was Schöpflin in Chuonradus verbessert hat, so R 53. 203 Chonradus, R

---

3) Sächs. Summ. pros. dict. Rockinger I 217. In privilegio autem imperatoris quasi semper premittetur In nomine sancte.

4) Unter diesen Umständen ist es gegen das angeblich nach dem Original gedruckte R 279 der stärkste Verdachtsgrund, dass ihm die Verbalinvocation fehlt.

1) Alberic. Cassin. Rockinger I. 38

2) Vgl. die Regesten.

14 ³) Chunradus, R 31 Chounradus, R 36 ⁴) Cuonradus, ja R 147 sogar Kuouradus ⁵). In den übrigen Teihen der Urkunde sind die Abweichungen noch viel häufiger, und Kuonradus namentlich kommt hier sehr oft vor. (R 14. 16. 18. 20. 28. u. a.). Heinrich III wird im Prolog nur in R 198 neben seinem Vater genannt. Der Name lautet hier Henricus, während im Contexte der meisten Urkunden Heinricus geschrieben wird. Doch kommt die Form Henricus auch sonst vor.

Unmittelbar auf den königlichen Namen folgt die Devotionsformel ⁶), welche in der Mehrzahl der Urkunden „divina favente clementia" lautet. Doch haben hier unzweifelhaft echte Diplome auch andere Ausdrücke. So steht „dei gratia", die auf den Siegeln und in den Edicten allein übliche Form, auch im Titel der Or. Praecepte R 36. 98. 105. 163 und in vielen Copieen; divina disponente gratia im Or. R 148, divina ordinante providentia (R 35. 53), dei donante clementia (R 149), clementia divina favente (R 131) divina gratia (R 79). Sind aber diese Formeln unzweifelhaft beglaubigt, so werden auch zahlreiche andere Abweichungen, welche namentlich italiänisahe Diplome zeigen, nicht verworfen werden können.

Der auf die Devotionsformel folgende Titel heisst in Urkunden, welche vor 1027 März 26 ausgestellt sind, einfach „rex," nacher „Romanorum imperator augustus." Die deutsche Kanzlei hat an diesen Titeln streng festgehalten, keine echte Original-Urkunde zeigt eine Variante ⁷). Auch

---

3) und R 68, wenn der Abdruck genau ist.

4) auch R 111, wenn, woran ich zweifle, der Abdruck wirklich nach dem in Wien befindlichen Original gemacht ist.

5) Conradus steht in R 60. R 71. 249. Aber letztere beiden sind sicher, ersteres wahrscheinlich nicht nach Or. wie die Herausgeber meinten.

6) Nur in dem schlecht überlieferten R 245 steht sie nach dem Titel.

7) Semper augustus haben die Fälschung R 275 und das, wie es scheint, nur in Abschrift saec. XVII erhaltene R 106. Vgl. die Anmerkung zu letzterem. Gänzlich unerhört ist in R 279 der Titel Rex pacificus et Romanorum Imperator Augustus. Diese sonst nie vorkommende Verbindung des kaiserlichen und königlichen Titels ist der

die italiänische Kanzlei begnügt sich meist mit diesen Titeln, doch ist sie auch hier wieder weniger exclusiv. Hat das Original von R 66 nach Jaffés Collation wirklich rex excellentissimus, so werden auch bei den ziemlich aus derselben Zeit stammenden R 63. 67 die Titel Rex pacificus und clementissimus Rex wohl als ursprünglich anzusehen sein; und auch das ist nicht für unmöglich zu halten, dass einmal gesagt wurde: insuperabilis Romanorum imperator augustus. (R 108). Francorum pariterque Langobardorum Rex in R 55 endlich könnte aus der Vorlage, einer Urkunde Heinrichs II übernommen sein [a]).

Zahlen im Titel kommen nicht vor; das Wort primus, welches in R 54 der Druck des Soldanus hat, fehlt in dem besseren Drucke Zacharias, und auch in dem übrigens falschen Stücke R 270 hat nur der schlechtere Druck Ughellis secundus. Heinrich III dagegen wird in R 198 als Henricus tertius Rex bezeichnet.

§. 20. Die königliche Unterschrift.

Wenn die Worte manu propria, manu nostra subscribere oder ähnliche in der Corroborationsformel gebraucht sind, so weisen die Urkunden ein von der eigenen Hand des Königs geschriebenes Zeichen auf. An eine vollständige eigenhändige Unterschrift des Königs darf aber ebenso, wie in der Zeit der Karolinger [1]) auch jetzt noch nicht gedacht werden. Vielmehr bestand die eigenhändige Unterzeichnung nur darin, dass der König einem übrigens von der Kanzlei gezeichneten Monogramm einen Strich hinzufügte. Die Form dieses Monogramms ist später zu besprechen. Hier nur einiges über die dasselbe begleitenden Worte [2]).

---

stärkste Verdachtsgrund gegen das angebliche Original. Ueber den Titel von R 62 vgl. die Anm. dazu. Dass in R 224 Romanorum und in R 141 Romanorum augustus fehlt, kann nur auf Versehen der Copisten beruhen.

8) Dagegen wird in R 262 der Titel serenissimus Rex Romanorum wohl auf Rechnung des Abschreibers von 1576 zu setzen sein.

1) Vgl. Sickel I 213.

2) Ex utraque autem parte monogrammatis longioribus et equalibus litteris scribendum erit: signum illius serenissimi imperatoris vel sere-

Auch für diese Formel kommen zahlreiche Varianten vor. Das Monogramm selbst wird durchweg als „Signum" bezeichnet, nur durch ein Versehen wahrscheinlich hat das Or. R 31 den Ausdruck „sigillum" dafür[3]) In den Urkunden erster Epoche deutscher Kanzlei ist die häufigste Form „Signum domni Chuonradi regis invictissimi" (R 12. 13. 14. 15. 28. 35 36. 48 u. a.), doch ist auch die Wortstellung invictissimi regis (R. 3. 31) unzweifelhaft beglaubigt. Ebenso zeigen die Originale die Formen Signum domni Chuonradi secundi regis invictissimi (R 1. 30) und Signum domni Chuonradi glorissimi regis (R 16) oder regis gloriosi (R 27). Deutsche Urkunden zweiter Epoche haben am häufigsten Signum domni Chuonradi invictissimi Romanorum imperatoris augusti (R 107. 168. 169. 212. 226), daneben kommen aber andere Wortstellungen (z. B. Signum domni Chuonradi invictissimi imperatoris Romanorum augusti R 212), die Weglassung eines oder des anderen dieser Prädicate (z. B. ohne augusti R 181 ohne invictissimi R 100) u. dgl. gut beglaubigt vor. Aehnliche Varianten zeigen auch die italiänischen Urkunden beider Epochen, nur dass für invictissimi sehr häufig gesagt wird serenissimi (R 53. 66. 248 u. a.). — Noch zahlreicher sind nun die Abweichungen in den bloss abschriftlich erhaltenen Diplomen. Ihre Aufzählung indess würde nutzlos sein, da ein sicheres Kriterium für die Echtheit der Urkunde bei den auch in Originalen vorkommenden Varianten aus dieser Formel kaum zu entnehmen ist.

Ebenso frei, wie in der Zahl und Stellung der gebrauchten Worte, war man in der Stellung des Monogramms innerhalb der Signumszeile. Nur das ist festzuhalten, dass es nach den beiden ersten Worten Signum und domni nicht steht, im übrigen kann es nach jedem der gebrauchten Worte

---

nissimi Regis vel aliud quodlibet hujus modi. Alberic. Cassin. Rockinger·I. 38.

3) Die Corroborationsformel von R 152 unterscheidet ausdrücklich zwischen „signum" und „sigillum". In R 55 kommt der Ausdruck „monogramma", in R 56 „manu propriae inscriptionis signo", beides aber in der Corroborationsformel, nicht in der Signumzeile vor. Auch R 188 hat monogramma.

vorkommen, z. B. hinter Chuonradi R 130, hinter invictissimi R 101, hinter imperatoris R 181, hinter Romanorum R 116, ganz am Ende R 199. 203. Auch in der Mitte eines Wortes begegnet es z B. invic(M)tissimi (R 156. 198.) Roma(M)norum (R 100).

Das Monogramm Heinrichs III kommt zweimal vor; in R 187 heisst es signum domni Heinrici (M) tertii regis invictissimi, in R 188 ebenso, nur gloriosissimi.

§. 21. Die Unterschrift des Kanzlers.

Jede Urkunde wurde nach ihrer Ausfertigung vom Kanzler revidiert und zu ihrer weiteren Beglaubigung mit seiner Unterschrift versehen. Ein besonderes Recognitionszeichen, wie es in früherer Zeit üblich gewesen war, wurde jetzt nicht mehr angewandt, sondern die Recognition bestand einfach aus dem Namen des Kanzlers, des Erzkanzlers für den er fungierte und einem Ausdrucke, der die revidierende und contrasignierende Tätigkeit bezeichnete.

Der letztere war nun der Regel nach nicht mehr, wie früher, recognovi et subscripsi, sondern einfach recognovi (R. 12. 13. 15. u. a.) oder recognovit (R. 116. 169. 212 u. a.) [1]. doch hat sich die ältere Formel noch in den drei Urkunden R. 105. 142 (beide für Salzburg) und R. 161 erhalten, die aber alle nicht in guten neueren Drucken bekannt sind. R. 105 übrigens ist noch im Or. vorhanden, und daraus wird sich constatieren lassen, ob das et subscripsi in der Tat ursprünglich ist. Ausserdem haben nur noch drei Urkunden R. 82. 111. 113 einen abweichenden Ausdruck, notavit, der namentlich unter Otto II üblich gewesen war. Alle drei sind aber nur durch Abschriften überliefert. — Worin die Tätigkeit des Recognoscenten bestanden hat, wird sich kaum mehr feststellen lassen; wahrscheinlich nahm er eine formelle und und materielle Revision der Urkunde vor. Dass die Kanzlerunterschrift wenigstens bisweilen erstzuletzt hinzugefügt wurde, zeigt R. 14, in der ein leerer Raum dafür gelassen wurde, die Unterschrift selbst aber, wohl aus Versehen, fehlt.

---

1) Ueber den Unterschied zwischen der ersten und dritten Person vgl. §. 85.

Die einzelnen Kanzler recognoscierten nun in folgender Weise:

I. Deutsche Kanzler.

1. Oudalricus cancellarius vice (invice) oder ad vicem Aribonis archicappellani (archicancellarii. archiepiscopi)
2. Oudalricus cancellarius vice Bardouis archicappellani (archiepiscopi. archicancellarii) ²).
3. Burchardus cancellarius vice Bardonis (Barthonis. Bartonis Pardonis) archiepiscopi (archicapellani. archicancellarii)
4. Theodericus cancellarius vice Bardonis (Pardonis) archicappellani.

II. Italiänische Kanzlei.

1. Hugo ³) cancellarius (vice) ad vicem (domni) Aribonis archiepiscopi (Moguntini) et archicancellarii: später Hugo Parmensis episcopus et cancellarius u. s. w.
2. Bruno cancellarius (sacri Palatii) vice (domni) Aribonis (Moguntini) (archiepiscopi et) archicancellarii
3. Bruno cancellarius (sacri Palatii) vice Pilegrimi archiepiscopi et archicancellarii
4. Herimannus ⁴) (sacri Palatii) cancellarius vice Pellegrini (archiepiscopi et) archicancellarii (archicapellani).
5. Kadelohus ⁵) (episcopus et) cancellarius vice (domni) Herimanni (archiepiscopi) archicancellarii.

---

2) Belege für diese Formen zu geben ist überflüssig, da schon St. meist die Kanzlerunterschriften aufführt. Die Namensform Oudalricus hat Stumpf durch eine genügende Anzahl Orr. constatiert; auch R 1. 147 haben im Or. so. Die einzige abweichende Form ist die des Or. R 143, wo zwar nicht wie in dem Druck bei Lepsius Udelricus, aber doch Oudelricus steht.

3) Für die Schreibung Hugo statt des italiänischen Vgo entscheiden die Orr. R 53. 66.

4) Herimannus schreibt sich der Erzkanzler selbst in Urkunde Murat. Antt. II 964.

5) Kadelohus steht in den drei früher erwähnten Placiten. Das K am Anfang wird auch geschützt durch Corruptionen wie Radelohus (R 235). In der früher erwähnten Urkunde des Kanzlers selbst nennt er sich Kadaloh. Das Deminutiv Khazo steht in der Recognition von R 246 und im Context von R 178. Vgl. ann. Altah. a. a. 1044.

§. 22. Die Datierungsformel.

Einen der wichtigsten Bestandteile der Urkunden bildet nun die Formel, welche uns Datum und Ort der Ausstellung angiebt; und wenn nur um dieser Angaben willen manche Diplome für den Historiker Wert haben, so bedürfen dieselben umsomehr der sorgfältigsten Prüfung [1]). Die eigentlichen Praecepte können die Datierungsformel nicht entbehren, von den erhalten Orr. ist keins ohne Zeit- und Ortsangaben [2]), während dieselben in den Abschriften häufig weggelassen sind.

Eine vollständige Datierungsformel der Urkunden Konrads enthält die Angabe des Tages, des Incarnations-und Regierungsjahres und der Indiction [3]), endlich eine Ortsangabe. Häufig aber fehlt die eine oder andere dieser Angaben, besonders in italiänischer Kanzlei, und zwar nicht bloss in Abschriften sondern auch in Orr. Es ist dann Aufgabe der Diplomatik die fehlenden Angaben aus den vorhandenen zu ergänzen, etwaige Widersprüche zu beseitigen, endlich bisweilen, wo alle Angaben fehlen, das ungefähre Datum aus den allgemeinen historischen Verhältnissen und den in der Urkunden etwa gegebenen sonstigen Anhaltspuncten zu ermitteln.

§. 23. Incarnationsjahr. Indiction.

Die von Dionysius Exiguus berechnete christliche Aera d. h. die Datierung nach anni ab incarnatione Christi deren 532. mit dem 248. der Aera Diocletiani zusammenfiel, kam nicht eben schnell in allgemeinen Gebrauch. Erst als Beda sie adoptierte, wurde sie mehrfach angewandt, fand aber in die kaiserliche Kanzlei, wie Sickel festgestellt hat, erst nach 840 Eingang.

In Urkunden Konrads II. ist nun die Rechnung nach

---

1) Vgl. über die Datierung der Merovinger- und Karolinger-Urkunden Sickel I 218.
2) Ueber das angebliche Or. R 71 vgl. die Anmerk. dazu.
3) Nur das falsche R 278 giebt noch die Ordinationsjahre Reginards v. Lüttich.

dionysischen anni incarnationis [1]) ganz allgemein. Zu ermitteln ist hier nur, mit welchem Tage das Jahr begonnen wurde. Ueblich waren bekantlich im Mittelalter sechs Jahresanfänge: 1) Der heidnische mit 1. Jan. (circumcisio Domini). 2) Der vorzugsweise französischen und venetianische mit 1. März. 3) der in Pisa und Florenz übliche mit 25. März. 4) der Jahresanfang mit Ostern (stilus francicus). 13. Jahrh. 5) der Jahresanfang mit 1. Sept. üblich in Unteritalien. 6) der Jahresanfang mit Weihnachten, der gewöhnlichste von allen.

Für einen Wechsel des Jahres am 25. März, 1. Sept. oder zu Ostern lässt sich kaum eine einzige Urkunde anführen. Dagegen scheinen für einen Jahreswechsel mit 1 März die Orr. R. 13. 15 (vom 12. Januar 1025 mit ann. inc. 1024) und das Or. R. 20 sowie die Copie R. 21. (vom 8. Febuar 1025 mit ann. inc. 1024) zu sprechen.

Vergleichen wir aber die Orr. R. 11. 12. 14. 16. 17. 18 und die Copieen R. 10. 19 aus der Zeit vom 1. Jan. — 1. März 1025, welche sämmtlich das Incarnationsjahr 1025 zeigen, und finden wir im übrigen aus den Jahren 1025—39 keine Urkunden mehr, die für Jahreswechsel am 1. März sprächen, so werden wir die vier erwähnten Daten nur auf Rechnung eines Versehens der — oder vielleicht des — Schreibers setzen können.

Es bleiben noch die Jahresanfänge am 25. Dec. und 1. Jan. Hier müssen entscheiden:

R 127. Dec. 30. a. inc. 1029. a. reg. 5. imp. 2.
R 137. „ 31. a. inc. 1029. a. reg. 6. imp. 3.
R 245. „ 29. a. inc. 1038. a. reg. 14. imp. 11.

R 127 muss wegen der Regierungsjahre und des Diploms R 129 d. d. Augsburg 1. Jan. 1029 am 30. Dec. 1028 ausgestellt sein, ebenso R 245 wegen der Regierungsjahre und Wipo c. 37. im Jahre 1037. Beide Urkunden zeugen also für Jahreswechsel mit Weihnachten. Dagegen spricht R 137, das wegen der Regierungsjahre am 31. December 1029 aus-

---

[1] Am häufigsten anni dominicae incarnationis z. B. R 17. 116. 169. 212, aber auch in Orr. anni incarnationis Domini nostri Jesu Christi (R 85) anni domini incarnati (R 50) anni incarnationis Domini (R 181).

gestellt ist, für den heidnischen Jahresanfang. Da aber in R 137 ohnehin eine Corruption in der Datumszeile anzunehmen ist, so werden wir lieber seine Rechnung als die der beiden anderen Diplome für irrtümlich halten. Die Kanzlei Konrads begann demnach, wie die gleichzeitigen deutschen Chronisten das Jahr mit Dec. 25 ²). Ebenso regelmässig, wie die Angabe der Incuraationsjahre ist in den konradischen Urkunden die Indictionsrechnung ³). Hier ist nur zu untersuchen, ob die Indiction mit dem 1. September oder mit dem Neujahr, (also nach dem obigen, mit December 25,) oder ob sie mit Sept. 25 beginnt. Für diese Untersuchung liegen uns aus der Zeit vom 1. September bis 25. December, von den unzweifelhaft falschen abgesehen, 29 Urkunden vor, davon 14 Originale R 1. 48. 107. 145. 146. 147. 167. 168. 169. 178. 215. 226. 227. 228. Von diesen kommen R 227 und 228 vom 25. 26. October 1036 mit der sicher falschen Indiction überhaupt nicht weiter in Betracht, und auch R 147, das chronologische Schwierigkeiten bietet⁴), müssen wir ausser Acht lassen. Von den 11 bleibenden Originalen fallen 4 in die Zeit vom 1—24. September; da sie sämmtlich die Indiction nicht wechseln, ist die Anwendung der griechischen Indiction (Sept. 1.) von vorn herein ausgeschlossen. Von den übrigen 7 zeugen 2 R 103. 146. für die Indiction Bedas (Sept. 25) 5 R 48. 169. 178. 215. 226 für die Neujahrsindiction. Die bloss abschriftlich erhaltenen Urkunden geben dasselbe Resultat; 5 von ihnen aus der Zeit von 1—24. September haben nicht gewechselt, schliessen also die griechische Indiction aus. Von den übrigen 10 sprechen 3 R 108. 109. 260 für die bedaische, der Rest für die Neujahrsindiction. Ueblich war in der Kanzlei

---

2) Auch die Kanzlei Heinrichs II. hatte so gerechnet. Dafür sprechen St. 1570. 1638. 1739. 1779, dagegen nur St. 1898. Dasselbe gilt von St. 2149. 2150. 2202 gegen 2223 für die Kanzlei Heinrichs III.

3) Ueber die Indictionsberechnung im Abendlande bis zu den Karolingern hat Sickel I 225 gehandelt, der Note 1 auch die Literatur zusammengestellt hat. Siehe aber ausserdem noch in Conradi de Mure summa de arte prosandi des §. De principio et numero indictionum. (Rockinger I. 478).

4) Vgl. die Anmerkung dazu.

also sicher die letztere. Die 5 Abweichungen beruhen auf Versehen.

§. 24. Regierungsjahre.

In den Urkunden Konrads werden drei Arten von Regierungsjahren unterschieden: die anni regni, anni imperii und die anni Heinrici regis. Es ist sicher, dass der Epochentag für jedes dieser Jahre ein fest bestimmter war; und zwar liegt es nahe zu vermuten, dass die Krönungstage die für die Zählung massgebenden waren[1]). Sind nun durch übereinstimmende Ueberlieferung der Annalisten die Daten dieser drei Tage hinlänglich bekannt (Königskrönung Konrads Sept. 8. 1024, Kaiserkrönung März 26. 1027. Königskrönung Heinrichs April 14. 1028), so wird nur nötig sein, die Berechnung in den Urkunden mit diesen Angaben zu vergleichen, um zu constatieren, ob diese Daten auch für die Kanzlei Epoche waren.

Mit der Epoche für die anni regni stimmen nun sämmtliche im Original erhaltene Daten bis auf 2 überein. In dem einen von diesen R 261 beruht die Abweichung wahrscheinlich nur auf einem Lesefehler der Herausgeber, ich zweifle kaum, dass statt a. regn. XII das Original wirklich a. regn. XU. hat. In R 215 dagegen ist die um eine Einheit zu kleine Zahl der Regierungsjahre auf diese Weise nicht zu beseitigen; hier liegt ein Fehler des Datatoren vor.

Auch die nur abschriftlich erhaltenen Urkunden lassen sich fast alle mit jener Epoche in Einklang bringen. Von gegen 200 Urkunden weichen nur 14 ab. Da nun aber von diesen 14 sieben der italiänischen Kanzlei die Zahl der Regierungsjahre um eine Einheit zu klein angeben, so haben

---

1) Man könnte vielleicht vermuten, dass die anni regni von dem Wahltage Konrads an gerechnet wären, da Wipo c. 5 Konrad schon vor der Krönung nach der Wahl als König bezeichnet und königliche Rechte ausüben lässt. Aber einmal ist er trotz Arndts versuchter Beweisführung (Die Wahl Konrads II. Göttingen 1861 p. 26) wie ich glaube, nicht erwiesen, dass Wahl- und Krönungstag Konrads nicht zusammen fielen; und sodann ist diese Frage für die Urkunden-Lehre gleichgiltig, da aus der Zeit von Sept. 4 (Zusammentritt der Wahlversammlung zu Kamba) bis Sept. 8 (Krönung Konrads) keine Urkunden vorliegen.

mehrere Herausgeber (u. a. Zaccaria und Tiraboschi) angenommen, dass hier nach Jahren der italiänischen Regierung gerechnet sei. Da Konrad im März 1026 die lombardische Krone empfieng, so würden dann die Daten von R 61. 63. 64. a. regn. 1, R 90. 96 a. regn. 2 stimmen. R 124. 152. aber stimmen auch dann nicht, sondern wie bei der Epoche vom 8. Sept. 1024 ihre Zahl der Königsjahre um eins zu klein ist, wäre sie bei der Berechnung vom März 1026 um eins zu gross. Wenn nun keine Urkunde ausdrücklich anni regni italici erwähnt, und die überwiegende Mehrzahl der italiänischen Diplome, namentlich alle im Original erhaltenen, nach der Epoche vom 8. Sept. 1024 rechnen, so werden wir lieber in jenen 5 Urkunden einen Irrtum, sei es des Datatoren, sei es des Copisten, sei es des Herausgebers annehmen, als zugeben, dass in der Kanzlei zwei ganz verschiedene Arten der Königsjahre neben einander bestanden hätten, was alle Daten unsicher gemacht und den Zweck der Datierung selbst vereitelt haben würde [2]. Auch bei den anni imperii, wo nun an eine andere Epoche gar nicht zu denken ist, finden sich solche Irrtümer und sogar noch viel zahlreicher, als bei den Königsjahren. So hat man z. B. im Jahre 1033 bis zum 10. Juli einfach vergessen das Kaiserjahr umzusetzen; R 181. 182. 183. 184. 185, darunter drei Originale haben sämmtlich ann. imp. 6 statt 7. Ebenso ist in 5 deutschen Urkunden von 1036 das Kaiserjahr um eine Einheit zu klein und nur in einer richtig. In allen Urkunden von 1038 ist das Kaiserjahr um 1 oder 2 Einheiten zu gross. (ann. imp. 12. und 13 statt 11 und 12) u. dgl.

---

2) Dass Konrad seit dem Vertrage von 1027 mit Rudolf III. von Burgund seine burgundischen Königsjahre zähle, behauptet Mascov Comment. I 280 und wiederholt Giesebrecht II. 257. Dass die beiden von Mascov angeführten Urkunden Heinrichs III seine Behauptung nicht beweisen, zeigt Blümcke (Burgund unter Rudolf III. u. d. Heimfall der burgundischen Krone an Kaiser Konrad II. Greifswald 1869 p. 55). Hinzufügen kann ich, dass keine Urkunde Konrads a. regni burgundici kennt, und dass keine, auch nicht die für Burgund R 250, für die Königsjahre eine Epoche von 1027 hat.

Nach Regierungsjahren Heinrichs rechnen nur wenige Urkunden: R 114. 124. 137. 139. 187. 188. Ein Grund für diese Datierung ist etwa nur bei den beiden letzten, welche von Heinrich mit unterschrieben sind, ersichtlich. Richtig berechnet ist übrigens das Jahr Heinrichs in allen diesen Fällen.

§. 25. Tagesberechnung.

Das Tagesdatum, welches nur in wenigen Urkunden vermisst wird, ist überall noch nach altrömischer Weise berechnet und angegeben. Eine Ausnahme machen nur R 65 und R 80. Erstere Urkunde hat wenigstens in dem Abdrucke Riccardis die Tagesangabe nach der sogenannten consuetudo Bononiensis, welche nach mensis intrans und exiens rechnete; aber die Daten dieser Urkunden sind wahrscheinlich corrumpiert und gehören vielleicht einem späteren, notariellen Vidimus an [1]). R 80 dagegen hat die einfache Zählung VII die mensis Aprilis, aber das Original wird auch hier wohl die römische Berechnung gehabt und die Umrechnung ein Abschreiber vorgenommen haben.

Die Angabe des Tages erfolgt in der Regel ohne weiteren Zusatz: z. B. VII kl. Jun, non. Mart. u. dgl. Drei Urkunden haben vor der Tagesangabe die Präposition in: R 101 in III non. Jul., R 102 in Non. Jul., R 26 in VIII kal. Maj. R 102 aber, das wie 101 für Salzburg gegeben ist, wird auch am selben Tage ausgestellt sein, so dass für „in" zu lesen ist III was ja im Original kaum zu unterscheiden ist. Wie es in den beiden anderen Fällen mit dem „in" steht, müsste eine Untersuchung des Originals zeigen.

§. 26. Ortsangaben.

Da der Kaiser keine feste Residenz hatte, sondern, von Hof und Kanzlei begleitet, von Land zu Land und von Stadt zu Stadt umherzog, sind die in den Urkunden vorkommenden Ortsangaben sehr zahlreich und verschieden. Immerhin aber lassen sich gewisse Punkte als Lieblings-

---

1) Vgl. R. 65 Anm.

aufenthalte des Kaisers nachweisen, so Nymwegen, Goslar, Regensburg, Augsburg u. a.

Die Ortsangabe beschränkte sich meist auf den einfachen Eigennamen, ohne jeden Zusatz, so in den deutschen Urkunden mit nur drei oder vier Ausnahmen [1]). Die Ortsnamen finden sich übrigens in verschiedener Form, bisweilen in der latinisierten Form und dann bei Wörtern der 1. Decl. im Genetiv (z. B. Spirae R 46) bei denen der 2. im Gen. oder Ablativ, (z. B. Trytimanni R 116. Noviomago R. 181) bisweilen auch in deutscher Form und dann ohne Endung (z. B. Imileb R 187 Hildenesheim R 17). Manche Namen gehören in den Orr. verschiedenen Declinationen an z. B. Tullidi R 169. Tullide R 226. Triburii R 35. Triburie, R 107. Goslare R 18. Goslari R 164; andere erscheinen bald in latinisierter, bald in deutscher Form z B. Argentinae R 40. Strasburg R 173. — Bamberg wird in den Orr. bald Babenberch (R 212) bald Babenberc (R 31) bald Babenberg (R 33) geschrieben; Regensburg hat in den Orr. gar vier Formen: Ratispona (R 198) Radaspona (R 203) Reginesburch (R 101) Regenesburch (R 133). Ebenso kommen für Magdeburg, Merseburg, Wallhausen u. a. verschiedene Formen vor. Bemerken will ich nur, dass Nymwegen, Augsburg, Aachen nur in den latinisierten Formen auftreten.

Auch die italiänische Kanzlei hat vorwiegend einfach die Ortsnamen (R 53. 54. 60. 64. 66). Doch macht sie häufiger Zusätze zu den Namen. So werden Augsburg, Spello und die Leosstadt in Rom als civitates bezeichnet (R 26. 250. 81.) so Aachen als palatium (R 114). In anderen Fällen wird zu den Ortsnamen eine nähere Bestimmung hinzugefügt z. B.

---

[1]) R 109 actum Tulle quod Leucha dicitur. R 192 actum ad monasterium S. Michaelis supra Mosam, wo aber eine kürzere Bezeichnung kaum möglich war; R 188 mit actum [in provintia Turinga apud regalem curtem] Imileb. Hier erscheinen aber die mit [ ] eingeschlossenen Worte, obwohl sie schon im ältesten Freisinger Copialbuch saec. XII stehen, doch um deswillen als Zusatz des Abschreibers, weil in dem am selben Tage gleichfalls für Freising ausgestellten R 187 Or. diese nähere Bestimmung der Ortsangabe fehlt. R 147 hat in monast. S. Apri suburbio nostrae civitatis Leuchorum: aber die Urkunde ist mindestens überarbeitet. R 267. 272 sind falsch.

ad Viam Vinariam in comitatu Lucensi (R. 248) in Canedulo juxta flumen Padi (R. 229) juxta Perusium in monast. S. Petri (R. 249). Unbestimmter sind Ortsangaben, wie in comitatu Placentino (R. 67) in campis Placentinis juxta flumen Trebiam (R. 235) in campo Luce (R. 70) ad lacum Gardensem in pratis S. Danielis (R. 237) in obsidione Mediolani (R. 235. 236).

§. 27. Data und Actum.

Die älteren Diplomatiker und noch Böhmer und Stumpf waren der Ansicht, dass Orts- und Zeitangaben der Urkunden uns das Itinerar der Kanzlei und des ausstellenden Regenten so völlig genau gäben, dass anzunehmen sei, der ausstellende Fürst sei immer an dem in der Datierungezeile angegebenen Tage in dem dort benannten Orte anwesend gewesen. Sickel hat nun in jüngster Zeit für die karolingischen Urkunden diese Ansicht bezweifelt [1]; er kommt zu dem Resultate, dass Actum Aquisgrani den Ort anzeige, in dem der Befehl zur Ausstellung der Urkunde erteilt sei, data VII. id. Mai u. s. w. aber den Tag, an dem die Urkunde vollendet sei, dass zwischen beiden Acten ein längerer oder kürzerer Zeitraum vergehen konnte, und dass somit aus der Datierungszeile nur ein relativ, nicht aber ein absolut genaues Itinerar herzustellen sei.

Wenn auch eine Prüfung dieser Ansicht, die schliesslich auch nur auf einer Hypothese beruht [2], im einzelnen hier nicht am Platze ist, so mag dagegen doch bemerkt werden, dass denn doch gar nicht abzusehen ist, warum grade der Ort, an dem der königliche Befehl erteilt wurde, und nicht der Zeitpunct desselben, und umgekehrt, warum grade die Zeit der Vollendung der Urkunde und nicht der Ort, an welchem diese geschah, aufgezeichnet wurden. — Jedenfalls aber ist es notwendig die Urkunden Konrads auf diesen Punct hin zu untersuchen.

---

1) Vgl. Sickel I 235 ff.
2) Denn warum sollte nicht z. B. Actum sich auf die Unterschrift des Königs, die Besiegelung, die Vollendung der Urkunde u. dgl., data aber auf ihre Uebergabe an den Empfänger beziehen.

Der Zeitangabe geht im allgemeinen das Wort Data (seltener Datum) voran. Ebenso wird die Ortsangabe in der Regel durch Actum eingeleitet. Mir scheint nun um meine Ansicht gleich von vorn herein hinzustellen, dass an der älteren Annahme festzuhalten ist, dass also data und actum insofern identisch sind, als sie sich auf denselben Act beziehen. Meine Gründe dafür sind:

1) Or. R. 11 (und die Copie R. 70) haben das Wort actum nicht. Die Datierungszeile — in R. 11 Data 4 id. Jan. ind. 8. a. inc. 1025. a. vero domni Kuonradi secundi regn. 1 Corbeie — bildet somit ein unteilbares Ganze, was unmöglich wäre, wenn Orts- und Zeitangabe nicht zusammenfielen.

2) Im Or. R. 33. lautet die Datierungszeile Data a. inc. 1025 ind. 8. a. regn. 1 Actum Babenderg 5. id. Mai., in R. 22. und wie der Abdruck bei Leuber zeigt auch schon im Or. Data a. inc. 1025 ind. 7. a. regn. 1. Actum 6 non. Mar. Walehuson.[3] Es ist hieralso die Tagesangabe dem Actum beigefügt, ohne dass sich bei data eine andere fände. Umgekehrt heisst es in R 20 a. inc. 1024 ind. 7. 6. id Febr. Data est in Merseburg a. autem Kuonradi sec. regn. 1. Dann folgt Actum, aber ohne einen Ortsnamen, da dieser schon bei Data gegeben war. Bei solcher Vertauschung von Zeit- und Ortsangaben wird man doch wohl berechtigt sein beide auf denselben Act zu beziehen und an der völligen Genauigkeit des aus den Urkunden ermittelten Itinerars festzuhalten[4].

Eine andere Frage ist aber, ob Ort und Zeit der Ausstellung der Urkunde zugleich immer Ort und Zeit der Vollziehung der durch die Urkunde beglaubigten Rechtsgeschäfte waren. Und das ist zu verneinen. R 27 ist zu Regensburg am 3. Mai 1025 ausgestellt. Aus der Urkunde selbst aber geht hervor, dass Bittstellung, Intervention und Tradition, also alles, was zur Vollziehung des Rechtsgeschäfts gehörte,

---

3) Aehnlich die Copieen R. 77. 89. 136.

4) Die bei Sickel I. 236 angeführten Stellen schliessen dasselbe Resultat für die Karolingerzeit nicht aus. Sie beweisen nur, und das gilt, wie wir sehen werden, auch für Urkunden Konrads II, dass Ort und Zeit der Ausfertigung der Urkunde nicht immer identisch waren mit Ort und Zeit der darin erwähnten Rechtsgeschäfte.

zu Minden vor dem Altar des h. Petrus und des h. Georgonius erfolgt sind. Da nun vor Mai 1025 kein Aufenthalt Konrads zu Minden bekannt ist, als der zu Weihnachten 1024[5]), so verfloss hier zwischen Rechtsgeschäft und Ausfertigung der Urkunde ein Zeitraum von 4 Monaten. Ebenso ist in R 60 die Bittstellung und wohl auch ihre Gewährung durch Konrad erfolgt »dum quodam tempore Pergamum et ecclesiam b. Vincentii fuissemus ingressi,« während die Urkunde erst später, wie es scheint, zu Peschiera ausgestellt ist. Wenn nun auch in vielen, ja in den meisten Fällen Rechtsgeschäft und Ausfertignng der Urkunde einander unmittelbar gefolgt sein mögen, so ist doch eine Gewissheit darüber nirgends da. Man ist leicht geneigt, wenn z. B. in einer zu Aachen ausgestellten Urkunde Intervenienten genannt werden, ohne weiteres anzunehmen, dass dieselben zur Zeit der Ausstellung der Urkunde in Aachen anwesend gewesen wären: aber wie aus obiger Ausführung folgt, ist man dazu nicht ohne weiteres berechtigt und würde z. B. was R 27 beträfe völlig irren.

§. 28. Die Datierungszeile als Formel.

Es bleiben noch wenige Worte über die in der Datierungszeile vorkommenden Ausdrücke und ihre Folge zu sagen. Dem Namen des Königs wird hier gewöhnlich das Prädicat »domnus« vor- die Zahl secundus nachgesetzt, doch fehlt letztere z. B. den Originalen in R 53. 198. 199. Das Wort »annus« wird oft wiederholt z. B. anno dominicae incarn. 1025 anno autem d. Kuonradi sec. regn. 1 (R 28), oft nur einmal gesetzt, z. B. anno inc. 1034 ind. 3. 8 kl. mai domno Ch. regn. 10 imper. vero 8 (R 199). Alle hier vorkommenden Varianten aufzuzählen ist unnötig. Die Reihenfolge der einzelnen Angaben ist bei den einzelnen Kanzlern verschieden. Oudalrich datiert gewöhnlich in Königsurkunden Data II. id. Jun. ind. 8 ann. dom. inc. 1025 a. vero domni K. sec. regn. 1 Actum Corbeie. (R 11. 12. 14.

---

5) Vgl. Ann. Quedlinb. a. 1025 SS. II. 90. Vita Godeh. prior SS. XI, 187.

15. 16. 17 u. a.); in Kaiserurkunden ebenso, nur dass auf den annus regni noch der annus imperii folgt (R 98. 115. 116. 135. u. a.) — Burchard beobachtete dieselbe Ordnung, nur dass bei ihm der ann. incarn. der Indiction meist vorangeht. (R 198. 203. 212. 214. 218). Theodorich kehrt wieder zu Oudalrichs Reihenfolge zurück. (R 260. 261). Bei allen kommen indess auch Abweichungen nicht selten vor. Bei der italiänischen Kanzlei ist es unmöglich über diesen Punkt sicheres anzugeben, da die meisten italiänischen Urkunden nicht so überliefert sind, dass wir sicher sein könnten, in der vorliegenden Reihenfolge der Daten die ursprüngliche zu haben.

§. 29. Apprecation.

Mit dem Namen des Ausstellungsortes kann die ganze Urkunde schliessen. Oft werden aber noch ein oder zwei Worte hinzugefügt, welche eine Art von Wunschformel enthalten. Diese sogenannte Apprecation lautet meist »feliciter amen«. Nur selten kommt dabei eine nochmalige Anrufung Gottes vor: in dei nomine feliciter amen. (R 170.)